교과서도 위인전도
알려 주지 않는
세계의 사회주의자들

교과서도 위인전도 알려 주지 않는
세계의 사회주의자들
천재 물리학자 아인슈타인부터 20세기 대중문화의 아이콘 존 레넌까지

2009년 5월 13일 초판 1쇄 찍음
2009년 5월 20일 초판 1쇄 펴냄

지은이 윤재설 외
펴낸이 박종일
편집책임 임현옥
디자인 맑은엔터프라이즈(주) 02-3143-2851
제작 상영프로세스(주)
펴낸곳 도서출판 펜타그램
등록 2004년 11월 10일 (제313-2004-000259호)
주소 서울시 마포구 서교동 463-28 공암빌딩 4층
전화 02-322-4124
팩스 02-3143-2854
이메일 cleanep@chollian.net

Copyright@윤재설 외, 2009
ISBN 978-89-956513-5-3 03990

교과서도 위인전도 알려 주지 않는

세계의
사회주의자들

천재 물리학자 아인슈타인부터
20세기 대중문화의 아이콘 존 레넌까지

윤재설 외 지음

_대안적 사회 운영을 지향한
_사람들의 이야기

사회주의는 20세기 말에 사망한 시체의 이름인가? 아직 오지 않은 미래인가? 현실 사회주의라는 이름으로 불리는 '어떤' 사회주의가 사망한 것은 사실이다. 우리는 관 뚜껑을 열고 이미 죽은 '그' 사회주의를 끄집어낼 생각은 없다.

실존주의 철학에서 죽음이란 삶 이후에 발생하는 사건이 아니다. 항상 삶의 중심에 '실존' 하면서 지속적으로 삶에 개입하고 때로는 결정적 영향을 주는 어떤 것이다. 살다 보면 죽음을 잊고 살아가게 마련이다. 어떻게 삶의 호흡마다 죽음을 들이킬 수가 있겠는가? 그러나 묵직하게 삶을 잡아당기기도 하고, 고양시키기도 하는 죽음을 우리가 아주 잊고 살 수는 없다.

이론적으로 사회주의는 자본주의가 죽은 이후에 나타나는 어떤 체제다. 하지만 사회주의는 언제나 살아 있는 자본주의의 중심에서 싹을 틔운다. 자본주의가 필연적으로 낳을 수밖에 없는 수많은 고통들, 특히 이른바 신자유주의로 불리는 '후기 자본주의'가 발생시키는 고통들이 존재하는 한 사회주의적 가치나 정책, 지향은 우리를 자극하고 유혹한다. 물론 이런 유혹에 빠진 자들에 대해 기득권 세력의 공격은 항상 집요하다. 아예 무시하지 못하고, 집요하게 공격하는 배경에는 그런 가치나 정책, 지향의 유효성이 여전하다는 비밀 아닌 비밀이 감춰져 있다.

우리는 사회주의에 대한 '정의(definition)'로부터 이야기를 시작하지 않는다. 그것은 판에 박힌 시작일 뿐 아니라 좀 지루하고 다소 어렵다. 너무 엄숙할 때도 있다. 그렇지 않고도 우리가 그곳으로 다가갈 경로가 있다면 그렇게 하는 게 편하고 쉽고 좋다. 물론 편하고 쉬운 것이 항상 좋은 것은 아니지만, 방편은 다양할수록 좋다.

그래서 우리는 '사회주의란 무엇인가' 라는 질문 대신에 '누가 사회주의자인가' 를 묻기로 했다. 하지만 마르크스 대신 아인슈타인을 레닌 대신 존 레넌을, 그리고 에리히 프롬, 헬렌 켈러, 베르나르도 베르톨루치, 파블로 네루다, 미야자키 하야오, 존 스타인벡, 파블로 피카소, 이브 몽탕 같은 사람들을 통해 그들이 말하는 사회주의를 만나 봤다.

사회주의는 사람들이 모여 사는 사회에 대한 설계도이기도 하고, 한 사람의 내면에 있는 신념이기도 하다. 우리가 사는 사회에 대한 설계도가 설계사 한 사람의 도면을 가지고 만들어지는 것이 아니라, 사회 속에 어울려 사는 수많은 사람들의 가치와 신념 그리고 희망의 집합을 통해서 만들어지는 것이라면, 이 둘은 밀접하게 관련을 맺을 수밖에 없을 것이다.

과학자, 영화감독, 가수, 화가, 배우, 시인, 철학자 등의 직업을 가진, 우리에게도 어느 정도 친숙한, 무엇보다 사회주의와는 무관한 것처럼 보이는 사람들의 입을 통해 그들이 왜 사회주의 또는 사회주의적 가치를 지지하는지 이야기를 들어 보면, 서로 다른 다양한 결 속에서도 공통적인 것을 발견할 수 있다. 그것은 당연하게도 자본주의 체제가 만들어 내는 비인간적인 결과에 대한 분노와 고발이다. 인간이 아닌 자본이 주인처럼 작동하는 체제가 아니라, 그 반대의 경우를 꿈꾸거나 주장한다. 때론 그것을 실천하기도 했다.

노동이 즐거운 체제, 예술과 노동이 하나가 될 수 있는 사회를 사회주의라고 믿어서 사회주의자가 됐지만, 자신이 운영하는 회사의 노동자들에게는 한 명의 자본가가 되고 만 예술가, 예수는 사회주의자였다고 외치면서도 하느님에 대한 신앙의 끈을 더욱 꽉 잡아 쥔 목회자, 미국 공화당과 민주당 중 하나를 선택하는 것은 덜 나쁜 자들을 고르는 것일 뿐이라며 녹색당 후보를 지지한 할리우드 유명 배우, 팔레스타인과 이스라엘 사람 5만 명을 한 곳에 모아놓고 공연을 가진 좌파 로커, 그림은 아파트 장식품이 아니라 무기라고 선언했던 화가.

이 책은 이런 사람들에 대한 간단한 기록이다. 이들을 통해 무엇인지 모르지만 나쁜 것, 알 필요도 없는 불온한 것이라고 '매도' 당한 사회주의가 그 오해에서 해방될 수 있다면 참으로 반가운 일이다. 이 책에서 소개된 30명 모두가 엄밀한 의미에서 사회주의자라고 말할 수 없다. 다만 이미 언급한 것처럼 자본주의 체제의 폐해에 대해 근본적으로 비판하고, 대안적 사회 운영을 지향한 인물들이라는 점에서 모두가 '사회주의적' 또는 '안티-자본주의적' 인 인물이라고 부를 수 있다.

이들이 얘기하고자 하는 바 핵심 내용이 무엇이며, 과연 이 시점에서도 그것들이 유효한지 따져 보는 것은 필요한 일이지만, 이들을 놓고 사회주의 여부를 따지는 성분 분석이나 학술 논쟁은 불필요하고 바람직하지도 않다. 이 책에 등장하는 인물들은 소련과 동유럽 사회주의의 몰락을 보지 못하고 세상을 떠난 사람도 있고, 아직 살아서 활동 중인 사람들도 있다. 이들이 가지고 있는 사상과 이념에 어떤 이름표를 붙일 것인지와 무관하게, 이들은 자본주의 체제의 현실이 만들어 낸 고통과 모순에 눈을 떼지 않고, 그 현실을 극복하기 위해 적극적으로 발언하고 실천했다는 점이 중요하다. 또 그러한 현실은 아직 계속되고 있으며, 극복은 전혀 충분히 이뤄지지 않았다는 사실은 이들의 문제의식과 대안에 현재적 의미를 부여해 주고 있다.

이 책은 우리 모두 사회주의자가 되자고 주장하는 '전도서'가 아니다. 다만 이 책에서 소개된 인물들과의 교감 속에서 우리가 사회주의와 한 치 정도라도 친해지기를 바라는 마음에서 만들어진 것이다. 사회주의와 친해지는 사람이 많아지면, 자본주의도 지금보다는 훨씬 더 인간적인 모습을 가질 수 있을 것이다.

이 책은 〈주간 진보정치〉와 인터넷 신문 〈레디앙〉의 '세계의 사회주의자' 시리즈에 실린 내용을 모아놓은 것이다. 집필에 참여해 준 기자와 관련 분야 필자들께 감사드린다. 무엇보다 연재 글들을 한 곳에 모아 책으로 내주신 출판사 쪽에 깊은 감사의 말씀을 드린다.

이 광 호
(레디앙 대표 겸 편집국장)

_차례

01 **알버트 아인슈타인** _

죽은 아인슈타인과
산 황우석의 교훈

Albert Einstein

_CIA 표적이 된 천재 과학자

"기껏해야 과학은 (사회 윤리적) 목적을 이루는 도구를 제시할 뿐이다. (…) 우리는 인간의 문제에 관한 한 과학과 과학적 방법을 과대평가해서는 안 된다. 또 우리는 사회 조직에 영향을 미치는 문제에 대해 의사 표시를 할 수 있는 사람들이 단지 전문가뿐이라는 생각을 해서도 안 된다."

20세기 최고의 과학자로 불리는 알버트 아인슈타인은 당대 과학자로서 최고의 인기를 누리고 있던 반세기 전에 이런 내용의 글을 발표했다. 과학은 시민 사회가 참견해서는 안 되는 어떤 '성역'이 결코 아니며 과학과 과학자의 전문성에 대한 과도한 믿음은 언제든지 제2의 '황우석 사태'를 몰고 올 수 있다는 점에서 21세기 한국 사회는 아인슈타인의 지적을 곱씹어 볼 필요가 있다. 과학과 사회에 대한 진지한 성찰이 담겨 있는 같은 글에서 아인슈타인은 또 이렇게 말했다.

"오늘날 자본주의 사회의 경제적 무정부 상태가 악의 진정한 근원이다. (…) 이런 악을 제거하는 길은 오직 하나뿐이라고 나는 확신한다. 그것은 사회적 목표를 추구하는 교육 체계를 동반한 이른바 사회주의 경제를 확립하는 것이다."

현대 물리학의 거장 아인슈타인이 쓴 글이라고는 믿기지 않는 이 글의 제목은 아예 〈왜 사회주의인가(Why Socialism?)〉이다. 이 글은 1949년 5월 미국의 좌파 월간지 《먼슬리 리뷰(Monthly Review)》 창간호에 실렸다.

상대성 이론을 발견한 천재 과학자로만 알려져 있는 아인슈타인이 사회주의를 지지했으며 매카시즘* 이전부터 미국 정보 당국의 표적이 됐다는 사실을 아는 사람은 그리 많지 않다. 아인슈타인은 순수 과학자로서의 역할에 그치지 않고 병역 거부, 핵무기 개발 중지를 주장한 전투적 평화주의자로, 자본주의 체제의 위험성을 경고한 실천적 지식인으로 자신의 신념을 공공연히 밝히며 살았다.

_ "과학자들은 무기 개발 동참 말라"

특수 상대성 이론 발견 100년이자 아인슈타인 사망 50주기였던 2005년은 유엔이 정한 '세계 물리의 해'로 전 세계에서 이를 기념하는 행사가 개최됐다. 과학계에서 1905년이 '기적의 해'로 불리고 아인슈타인이 '천재'로 불리게 된 이유가 바로 여기에 있다. 특히 아인슈타인이 사망한 4월 18일엔 그가 말년을 보낸 프린스턴에

＊ 매카시즘 : 1950년대 초반 미국에서 일어난 과도한 반공산주의 열풍. "국무성 안에 205명의 공산주의자가 있다"는 연설을 한 공화당 상원 의원 J.R.매카시의 이름에서 나온 말로 당시 미국 국민들의 폭넓은 지지를 받았으며 많은 정치인과 지식인이 매카시즘의 공포에 떨어야 했다.

서 시작된 빛이 지구를 한 바퀴 도는 '세계 빛의 축제'가 진행되기도 했다.

아인슈타인은 1915년에 일반 상대성 이론을 완성했지만 그의 이론은 1919년 영국의 관측대에서 일식이 진행되는 동안 빛의 굴절을 실험으로 측정하면서 확증됐다. 이때부터 아인슈타인의 화려한 명성이 세계에 알려지기 시작했지만 그는 과학자로만 머물지 않고 자신의 정치적 신념을 밝히는 데 주저하지 않았다. 그는 "과학적 업적을 통해 얻은 지위를 이용한다"는 비난을 받으면서까지 과학 외적인 분야에서 목소리를 높였다.

아인슈타인의 정치적 활동은 그의 학설이 인정받기 전부터 시작됐다. 그는 제1차 세계 대전이 일어난 1914년 유럽 문화를 지지하고 평화를 호소하는 '유럽인에게 보내는 선언문' 서명에 참여했다. 종전 이후 아인슈타인은 전범 문제 연구를 위해 모인 '독일 6인 지식인 위원회'에 합류하고 1922년에는 국제 연맹의 지적 협력 위원회에 참가했다. 패전국 독일이 국제 연맹 가입국이 아닌 상황에서 그의 활동은 독일인들의 반감을 불러일으켰지만 아인슈타인은 이에 아랑곳하지 않았다.

1931년 국제 반전주의자 협의회에 보낸 서한에서 아인슈타인은 전 세계 과학자들에게 새로운 무기를 개발하는 데 동참하지 말 것을 제안했다. 그는 또 "집단적인 삶이 가장 부정적으로 표현된 군대를 혐오한다"며 평화주의자들에게 병역 거부에 나설 것을 주장하고 "전 세계 노동자들이 전쟁의 도구로 전락되는 일이 없도록 연합할 것을 선포해야 한다"고 강조했다.

이후 히틀러가 이끄는 나치당이 득세하기 시작하자 아인슈타인은 1932년 독일 사회민주당과 공산당에 "독일 국민이 무시무시한 파시스트가 되는 사태를 방지하는 데 힘을 합칠 것"을 촉구하는 성명서에 공동 서명했다. 하지만 경고는 이미 늦은 것이었다. 그해 7월 나치당이 의회에서 다수 의석을 차지한 것이다. 아인슈타인은 자신이 회원으로 가입해 있던 프러시아 과학 아카데미를 탈퇴하고 1933년 1월 미국으로 망명했다. 그가 미국에 도착하고 2주 뒤 히틀러는 독일 총통이 됐다.

_싸우는 평화주의자로서의 생애

아인슈타인은 스스로를 사회주의자 또는 공산주의자라고 규정하지 않았지만 그의 정치적 발언 가운데는 사회주의, 공산주의에 대한 우호적 태도가 명백히 드러나고 있다. 그는 러시아 공산당의 전략과 전술에 대해서는 유보적이었지만 1917년 10월 혁명의 목표에 대해 긍정적인 반응을 보였다. 그는 레닌에 대해 "사회 정의의 구현을 위해 온 정열을 바치고 자신을 희생한 사람으로서 존경한다"고 말했다.

그는 1950년 지인에게 보낸 편지에 "나는 공산주의자가 된 적이 한 번도 없지만 내가 공산주의자라 해도 나는 그것을 부끄러워하지 않을 것"이라고 썼다. 아인슈타인의 이와 같은 태도는 매카시즘의 표적이 됐다. 제2차 세계 대전 후 미 하원의 극우파들은 "이 세상 최고의 사기꾼 알버트 아인슈타인은 수년 전부터 공산주의자로 활약해 왔다"며 "지금 그가 퍼뜨리고 있는 허튼 소리는 공산당 노선의 이행일 뿐"이라는 악선동을 퍼부었다.

아인슈타인은 공산주의자에 대한 마녀 사냥에 대해 분노를 감추지 않았다. 그는 "하원 반미활동 위원회의 조사로 인해 미국 사회의 민주적인 특성이 이미 상당히 훼손됐다"고 지적했을 뿐 아니라 간첩 혐의를 받은 동료 과학자들의 사면을 위해 백방으로 노력을 기울였다. 1953년에는 상원 국내 안보 소위원회의 마녀 사냥에 맞서 동료 과학자를 비롯한 미국의 지성인들에게 증언을 거부할 것을 제안하기도 했다.

1·2차 세계 대전을 겪은 아인슈타인은 그가 스스로 규정했듯이 '호전적인 평화주의자'로서의 삶을 살았다. 하지만 아인슈타인은 1939년 당시 미국 대통령이던 루스벨트에게 독일에 맞서 원자 폭

탄을 제조해야 한다는 편지에 서명한 과오를 저질렀다. 나치에 대한 증오심이 남달랐던 아인슈타인으로서는 히틀러 정권이 먼저 원자 폭탄을 개발해 사용하는 것을 우려했던 것이다.

제2차 세계 대전 후 아인슈타인은 이를 "내 생전에 저지른 한 가지 실수"라며 죽는 날까지 후회했다. 그는 숨을 거두기 며칠 전인 1955년 4월 11일 마치 유언을 남기듯 버트란트 러셀과 함께 작성한 러셀-아인슈타인 선언*을 통해 "인류라는 생물의 씨앗을 근절시켜 버릴 사태를 불러일으킬 핵무기를 만드는 행위는 그 무엇보다 우선적으로 중단돼야 한다"고 호소하고 생을 마감했다.   _윤재설

FBI가 22년간 수집한 '아인슈타인 파일'이 1800여 쪽

1924부터 1972년 사망할 때까지 무려 48년 동안 에프비아이** 국장을 지낸 에드거 후버. 공산주의자 검거로 악명이 높았던 후버 국장은 아인슈타인의 미국 생활 22년 동안 아인슈타인이 주고받은 편지를 검열하고, 전화를 감청하고, 그의 정치적 발언과 행동에 대한 기록을 상세히 수집했다. 무려 1800여 쪽에 달하는 FBI의 '아인슈타인 파일'은 미국의 정보 당국이 이 천재 과학자의 일거수일투족

---

* **러셀-아인슈타인 선언** : 미국과 소련 사이에 수소 폭탄 경쟁이 심화되던 1955년에 아인슈타인과 러셀이 중심이 되어 핵무기 폐지와 과학기술의 평화로운 이용을 호소한 선언문.

** **에프비아이** : FBI. Federal Bureau of Investigation의 약칭. 1908년 미국 법무부 안에 설치된 비밀경찰 기관으로 미국 연방 수사국이라고도 한다.

을 얼마나 면밀히 감시했는지를 잘 보여 주고 있다.

이 파일에서 FBI는 아인슈타인에 대해 "1947년부터 1954년까지 34개 공산주의 단체의 회원, 후원자 또는 관련자였다"고 지목하고 있다. 또 후버 국장은 아인슈타인에 대해 "미국 내 주요 공산주의 운동을 후원"했고 "독일에서 정치적 활동을 하지 않았던 1923~1929년 기간 동안에도 아인슈타인의 집은 공산주의자들의 본거지이자 회합 장소로 알려져 있었다"고 썼다.

아인슈타인에 대한 미 당국의 수사는 그가 미국에 도착하기 전부터 시작됐다. 히틀러가 집권을 앞둔 1932년 망명을 결심한 아인슈타인은 캘리포니아의 한 대학으로부터 교수직을 제안 받아 미국에 입국 비자를 신청한다. 이때 '여성 애국자 협회'라는 이름의 한 극우 단체는 국무부에 "아인슈타인이 반전주의자이며 공산당, 무정부주의적 공산주의 단체 등에 가입했다"는 내용의 16쪽짜리 투서를 보냈다. 투서를 받은 국무부가 베를린의 미 영사관을 통해 아인슈타인에 대한 조사에 착수하자 아인슈타인은 격분을 참지 못했다. 당시 AP통신의 보도에 따르면 아인슈타인은 "조사라니? 나는 그런 멍청한 질문들에 답할 생각이 없다. 내가 (입국을) 요청한 것이 아니라 당신네 나라에서 나를 초청한 것이다. 당신네 나라에 용의자 신분으로 입국해야 한다면 나는 전혀 가고 싶은 마음이 없다"며 화를 냈다. 언론에 이 같은 사실이 보도되자 당황한 국무부는 바로 다음 날 아인슈타인 가족의 비자를 발급했다.

에스파냐 내란에서 프랑코의 파시스트 반란군과 싸우는 공화파 정부를 지지한 것을 비롯해 아인슈타인이 벌인 일련의 정치적 활동이 FBI에 의해 일일이 기록됐다. 2차 대전 이후 매카시즘이 기승을 부리면서 아인슈타인에 대한 감시는 더욱 심해졌다. 아인슈타인 자신도 FBI에 의한 감시를 눈치 채고 있었다. 그는 1948년 어느 날 열린 파티에서 주미 폴란드 대사에게 "당신도 알겠지만 지금으로서는 미국은 더 이상 자유로운 나라가 아니며 우리의 이 대화도 기록될 것이 분명하다. 방에는 도청 장치가 돼 있고 우리 집은 면밀히 감시당하고 있다"고 말했다. 이 때의 대화 내용 역시 FBI 파일에 담겨 있다.

●● 알버트 아인슈타인 Albert Einstein, 1879~1955

　독일 출신의 미국 이론 물리학자. 스위스 국립 공과대학 물리학과를 졸업하고 취리히 연방 공과대학과 베를린 대학 교수를 역임하였으나 히틀러가 독일에서 정권을 잡게 되자 유대인인 그는 1933년 미국으로 건너가 프린스턴 고등연구소 교수로 취임했다. 광양자설, 브라운 운동의 이론, 특수 상대성 이론을 연구하여 1905년 발표하였으며, 1916년에는 일반 상대성 이론을 발표하였다. 광전효과 연구와 이론 물리학에 기여한 업적으로 1921년 노벨 물리학상을 받았다. 미국에서는 그의 이름을 기념하여 아인슈타인 상을 제정하고 해마다 두 명의 과학자에게 시상하고 있다. 그는 유대민족주의 · 시오니즘 운동을 지지하고 평화주의자로도 활약했다. 제2차 세계 대전 중 미국 과학자들은 독일의 원자 폭탄 연구에 맞서 미국이 원자 폭탄을 가져야 한다는 내용의 편지를 당시 루스벨트 대통령에게 보냈는데 아인슈타인도 여기에 서명했다. 그 후 미국에서 원자 폭탄을 만들기 위한 맨해튼 계획이 수립되었고 아인슈타인은 죽을 때까지 그 일을 후회했다.

02 헬렌 켈러_

못 듣고 못 보고 말 못한
이가 발견한 좋은 세상

Helen Adams Keller

_신체 장애 극복 사실만 부각한 위인전

교과서도, 세계 위인전기도 철저히 외면했다. 그녀의 신체적 장애만 부각했을 뿐 정작 장애를 극복한 그녀가 지키고 설파하고자 했던 이념은 깨끗이 지워 버렸다. 미국에서조차 시각·청각 장애를 이겨 낸 여인으로만 알려져 있는 헬렌 켈러. 그녀의 삶은 세상을 떠난 지 30년이 지난 1998년 전기 작가 도로시 허먼의 《헬렌 켈러- A Life》*가 출간되면서 다시 조명을 받기 시작했다. 정열적인 사회주의자로서 헬렌 켈러가 되살아난 것이다.

조금은 낯선 '사회주의자 헬렌 켈러'를 만나기 전에 먼저 기억을 되살려 어렸을 때 읽었던 세계 위인전기 속의 그녀부터 만나 보자. 1880년 미국 앨러배머 주 터스컴비아에서 태어난 헬렌은 원래 여느 아이와 다를 바 없는 건강한 아이였다. 잘 자라던 헬렌은 19개월 되던 1882년 2월 심한 열병을 앓게 된다. 당시 주치의가 며칠 못가 아이가 죽을 것이라고 진단할 정도였다. 열병은 오래 가지 않았지만 이때의 열병으로 헬렌은 시력과 청력을 완전히 잃어버렸다.

듣지도 보지도 못하게 된 헬렌은 촉각과 후각 등으로 세상을 느끼고 몸짓으로 의사 표현을 하기 시작했다. 헬렌은 다섯 살이 돼서

---

* 《헬렌 켈러-A Life》 : 국내 출판 2001년, 미다스북스

야 자신이 다른 사람들과 다르다는 사실을 알게 됐다. 가족들이 자기처럼 몸짓으로 의사 표현을 하는 것이 아니라 입으로 말을 한다는 것을 알게 된 것이다. 가족들의 말을 알아듣지 못하고 말을 따라 할 수도 없었던 헬렌은 자기 마음에 안 들면 물건을 집어던지고 발버둥을 치는 등 점차 난폭해지기 시작했다.

그렇게 일곱 살이 됐을 때 헬렌은, 그 후 50여 년 동안 선생님이자 친구로 지낸 가정교사 앤 설리번을 만나게 된다. 아일랜드 고아 출신으로 빈민 보호 시설에서 자라난 설리번도 다섯 살 때 앓은 결막염으로 시력을 잃은 시각 장애인이었다. 설리번이 알파벳을 헬렌의 손바닥에 써 주면서 헬렌은 글을 터득하게 됐다.

시각 장애인 특수학교인 보스턴의 퍼킨스 학교와 뉴욕의 라이트-휴머슨 학교를 졸업한 헬렌은 열여섯 살의 나이에 래드클리프 대학에 입학하게 된다. 헬렌이 1904년 졸업할 무렵 그녀는 독일어를 비롯해 다섯 개의 언어를 구사했다. 그녀는 세계에서 처음으로 학사 학위를 취득한 시각 · 청각 장애인이었다. 이후 1968년 숨을 거두기까지 헬렌은 미국 시각 장애인 협회 일을 하며 국제적인 장애인 복지 사업을 펼쳤다.

여기까지가 우리가 잘 알고 있는 헬렌 켈러의 위대한 생애이다. 장애를 극복한 삶은 그 자체만으로 위대하다. 하지만 우리는 그동안 가려져 왔던 헬렌 켈러의 사회주의자로서의 삶도 알아야 한다. 그래야 그녀를 온전히 알 수 있기 때문이다.

_급진적 사회주의자 헬렌 켈러와 주류 언론의 반응

헬렌이 사회 운동을 접하기 시작한 것은 대학 시절 여성 문제에 관심을 갖기 시작하면서부터였다. 헬렌은 여성의 권리, 특히 참정권 쟁취를 위한 운동을 펼쳤다. 당시는 미국, 영국 등 민주주의의 선진국에서조차 여성에게 참정권을 부여하지 않을 때였다. 영국은 1919년, 미국은 1920년에 이르러서야 여성 참정권을 인정했다.

헬렌은 1909년 사회당에 가입해 활동을 하기 시작했다. 그녀는 1912년 사회주의 신문 《뉴욕 콜》에 〈나는 어떻게 사회주의자가 되었는가〉라는 글을 기고했다. "몇 달 동안 내 이름과 사회주의가 신문에 같이 올라왔다. 한 친구는 내가 야구, 루스벨트 대통령, 뉴욕 경찰 스캔들 기사와 함께 1면을 장식했다고 말해 줬다. (…) 악평도 이익이 될 수 있다. 내 활동을 기록하는 신문이 사회주의라는 단어를 기사에 자주 쓴다면 난 기쁘게 받아들일 것이다."

이 글에서 헬렌은 설리번의 추천으로 웰스의 《신세계(New World for Old)》를 읽으면서 사회주의자가 됐다고 고백했다. 설리번은 스스로 사회주의자가 아니라고 밝혔지만 헬렌에게 사회주를 가르쳐 준 장본인이었다. 설리번과 1905년에 결혼한 사회주의자 존 메이시 역시 헬렌에게 많은 영향을 끼쳤다. 헬렌은 이후 독일에서 발행되는 점자로 된 사회주의 격월간지와 마르크스 · 엥겔스의 저작을 읽으며 사회주의 사상에 심취했다.

당시 헬렌은 이미 대중들에게 잘 알려진 인물이었다. 그녀가 사회주의를 지지하고 사회주의자로 활동하는 것에 대해 주류 언론은 결코 호의적이지 않았다. 신문들은 사회주의자들과 볼셰비키가 헬렌의 명성을 이용하려고 하며, 헬렌은 보지도 듣지도 못해서 정치에 대해 아무 것도 모른다고 기사를 썼다. 이를테면 한 신문은 이렇게 보도했다.

"지난 25년 동안 켈러 양의 선생님이자 영원한 동반자는 메이시 부인(설리번)이었다. 메이시 부부는 둘 다 마르크스주의의 열광적인 선전가이며, 이 평생지기에게 의존하고 있는 켈러 양이 그런 생각에 동화된 것은 놀랄 만한 일이 아니다."

이에 대해 헬렌은 "존 메이시는 열광적인 마르크스주의 선전가일 수 있지만 메이시 부인은 마르크스주의자도, 사회주의자도 아니"라며 "편집자는 사회주의자 또는 다른 지적인 인물이 되기에는 사실에 대한 감각을 충분히 갖지 못했다"고 비꼬았다. 헬렌은 또 사회주의자들이 주목을 끌기 위해 "불쌍한 헬렌 켈러를 이용한다"

는 주장에 대해서 "그와 같은 위선적인 동정은 거절한다"면서 "(자신을) 이용한 것은 자본주의 언론"이라고 반박했다.

그녀는 자본주의 신문의 이 같은 보도에 대해 "신문 뒤의 금권은 사회주의를 반대하며 자신을 먹여 살릴 돈에 순종하는 편집자들은 사회주의를 비방하고 사회주의자들의 영향력을 훼손하기 위해 무슨 짓이든 할 것"이라고 지적했다.

_FBI, "그녀는 공산주의, 파시스트, 나치다"

헬렌이 사회주의자로 활동할 당시는 미국 사회에서 사회주의가 어느 때보다 힘을 발휘하고 있던 때였다. 1912년 대통령 선거에서 사회당의 유진 V. 뎁스 후보는 1백만 표 가까이 득표했고 1천 명이 넘는 사회주의자들이 공무원으로 일했다. 또한 노동 운동에서도 새로운 힘이 넘쳐나기 시작한 시기였다. 전투적 노동조합인 세계 산업 노동자 동맹(IWW)은 1905년 설립돼 숙련공 중심의 미국 노동 총연맹(AFL)과는 달리 미숙련 노동자들을 조직하고 교육했다.

유진 뎁스의 선거 운동을 도왔던 헬렌은 "사회당이 점점 정치적 늪에 빠지고 있다"고 비판하며 탈당하고 IWW에 가입했다.《뉴욕 트리뷴》과의 인터뷰에서 헬렌은 이렇게 말했다. "내가 IWW에 가입한 것은 사회당이 너무 더디다는 것을 깨달았기 때문이다. 사회당은 정치적 늪에 빠져들고 있다. 사회당이 정치 체제 안에서 한 자리를 차지하거나 한 자리를 얻으려 애쓰는 한 변혁적 성격을 유지한다는 것은 전적으로는 아니더라도 거의 불가능하다." "진정한 임무는 경제적 기반 위에서 모든 노동자들을 조직하고 단결시키는 것이다. 노동자들은 자기 자신의 힘으로 자유를 확보해야 한다." '정치적 행동으로 얻을 수 있는 것은 없다'는 그녀의 말은 그녀가 왜 생디칼리스트 조직인 IWW에 가입했는지 그 이유를 알게 해 준다.

물론 사회주의는 여전히 그녀의 나침반이었다. 참정권 시위에 참여했던 헬렌은 《뉴욕 타임스》와의 인터뷰에서 "나는 전투적 참정권론자입니다. 나는 참정권이 사회주의로 가는 길이라고 믿습니다. 나에게 사회주의는 이상을 실현하는 운동입니다"라고 말했다. 헬렌은 이후 《세계를 뒤흔든 10일》을 쓴 저널리스트 존 리드를 비롯한 당시 미국의 급진적 사회주의자, 무정부주의자들과 교류했다. 그녀는 미국의 제1차 세계 대전 참전에 맞서 윌슨 대통령에 항의하고 러시아 혁명이 일어나자 소비에트의 열성적인 지지자가 됐다. 헬렌의 이후 활동은 사형 제도, 아동 노동, 인종 차별에 대한 반대로 이어졌다. 1940년대에 헬렌은 에스파냐 공화주의자 석방 운동, 매카시즘의 희생양이 된 사회주의자 석방 운동에 참여했다.

1924년부터 1972년까지 무려 48년 동안 FBI 국장으로 일하면서 공산주의자 색출에 앞장섰던 존 에드거 후버에게 헬렌은 눈엣가시와 같은 존재였다. FBI는 헬렌이 존경 받는 장애인 활동가라는 점에서 전면적인 수사를 벌이지는 못했지만 사찰을 진행해 43쪽 분량의 보고서를 작성한 바 있다. 이 보고서에서 헬렌은 아인슈타인 등과 함께 "공산주의, 파시스트, 나치 정당 당원"으로 분류돼 있다. 이 보고서에 따르면 헬렌은 1943년 아인슈타인을 비롯한 유명 인사들과 함께 의회 반미 활동 위원회를 해체하라는 탄원서에 서명했다고 기록돼 있다.

장애를 극복한 여인으로만 알려졌던 헬렌 켈러. 여성운동가로서, 평화주의자로서 그리고 사회주의자로서 정열적인 삶을 살았던 그녀가 극복하고자 했던 것은 자기의 신체장애만이 아니었다. 그것은 '시각 장애를 가진 경제와 청각 장애를 가진 사회', 바로 '자본주의' 였다.

_윤재설

●● 헬렌 켈러 Helen Adams Keller, 1880~1968

태어난 지 19개월만에 열병을 앓고 나서 보지도 말하지도 듣지도 못하는 장애를 갖게 된 미국의 저술가이자 사회사업가. 일곱 살 때부터 가정교사 A. M. 설리번에게 교육을 받기 시작해 하버드 대학교 래드클리프 칼리지를 우등생으로 졸업했다. 이 당시 마크 트웨인은 그녀에게 "삼중고를 안고 마음의 힘, 정신의 힘으로 오늘의 영예를 차지하고도 아직 여유가 있다"는 찬사를 보낸 것으로 알려져 있다. 독실한 기독교도이기도 한 그는 1906년 매사추세츠 주 맹인 구제과 위원에 임명된 것을 비롯해 미국 시각 장애인 협회 회원이었고 제2차 세계 대전 때는 부상병 구제 운동을 벌이기도 했다. 맹농아자의 교육과 사회복지시설 개선 기금 마련을 위해 미국뿐 아니라 세계 여러 나라를 돌아다니며 활동을 벌였고 맹농아자 복지 사업에 큰 공헌을 했다. 우리나라에는 일제강점기인 1937년 방문해 서울시민회관에서 강연을 한 바 있다. 저서에 《나의 생애(The Story of My Life)》(1902), 《암흑 속에서 벗어나(Out of the Dark)》(1913), 《나의 종교(My Religion)》(1927), 《신앙의 권유(Let Us Have Faith)》(1940) 등이 있다.

03 버트란트 러셀_

노동당 당원증을
찢어 버린 이유

Bertrand Arthur William Russell

_ 소수를 뺀 모두의 행복을 증대시키는 게 사회주의

"나는 사회주의를 일차적으로 기계 생산 체제에 대한 대응책이라고 생각한다. 그것은 상식 수준에서 요구되는 대응책이며 무산계급의 행복뿐 아니라 미미한 소수를 제외한 모든 인류의 행복을 증대시키는 데 적합한 대응책이다."

"우리의 세계가 가장 필요로 하는 두 가지는 사회주의와 평화이지만 우리 시대 가장 힘 있는 사람들의 이익에 정면 대치되는 것도 바로 이 두 가지다."

물리학자 알버트 아인슈타인과 철학자이자 수학자인 버트란트 러셀 사이에 공통점이 있다면 바로 20세기 전반기에 사회주의와 평화를 강조한 가장 정열적인 지식인이었다는 점이다.

러셀의 논리학과 수학 연구는 캠브리지 대 교수 시절 제자였던 루드비히 비트겐슈타인을 비롯한 후세 언어 철학, 분석 철학 연구자들에게 큰 영향을 주었다. 프레게가 기초한 분석 철학은 러셀에 이르러 뼈대를 갖췄고 콰인, 카르납, 에이어 등 후세 철학자들에 의해 발전해 왔다.

러셀은 1872년 5월 18일 영국 남부 그웬트 지방 베드퍼드 가문에서 태어났다. 그의 할아버지 존 러셀은 1846년부터 1852년까지, 1865년부터 1866년까지 두 번 수상을 역임했고 빅토리아 여왕에 의해 백작으로 봉해졌다. 선거법 개정 등 존 러셀이 실시한 개혁 조치는 19세기 영국 민주화의 밑거름이 됐다. 이런 영향을 받은 러셀의 아버지 앰벌리 자작은 피임, 가족계획, 여성 참정권 부여 등 여러 면에서 진보적인 견해를 갖고 있었다. 이러한 가족의 전통이 러셀의 사회주의에 대한 태도를 형성하는 데 많은 영향을 끼쳤을 것으로 여겨지고 있다.

부모가 일찍 세상을 뜨는 바람에 할머니의 손에 큰 러셀은 열한 살 무렵 친형인 프랭크로부터 기하학을 배우고 난 뒤 수학에 흥미를 느끼기 시작했다. 러셀은 이후 1890년 케임브리지 트리니티 칼리지에 장학생으로 입학했다. 3년 동안 수학을 공부한 후 러셀의 관심은 철학으로 옮겨 갔다. 독일어에 능통했던 러셀은 로크, 버클리, 흄 등 영국 경험론자들의 철학보다는 칸트, 헤겔 등 독일 관념론자의 철학을 연구했다.

케임브리지를 졸업한 이후 가족의 반대를 무릅쓰고 미국인 퀘이커 교도 앨리스 스미스와 결혼한 러셀은 미국에서 비 유클리드 기하학을 2년간 가르친 이후 베를린으로 이주해 경제학을 공부했다. 당시 마르크스주의를 접한 그는 독일 사회민주주의를 연구하고 이를 책으로 펴냈다. 이것이 그의 첫 번째 저작 《독일 사회민주주의》(1896)이다. 독일 사회민주주의의 역사, 목적, 전술, 그리고 마르크스, 엥겔스, 라쌀레 등 사상가로부터의 영향 등을 전반적으로 다룬 이 책은 1백 년이 지난 지금에도 유럽 정치사 전공자들에게 널리 읽히고 있는 중요한 저작이다. 그 이후 1910년까지 화이트헤드와 함께 《수학의 원리》를 집필하는 작업을 해왔던 러셀은 이 기념비적인 저작을 출간한 이후 서른다섯 살의 나이에 왕립학회 회원으로 선임됐다.

_ 징병제 거부 운동으로 강사직을 잃다

지적인 탐구에 모든 에너지를 쏟는 과정에서도 정치에 대한 그의 관심은 계속됐다. 1907년 러셀은 '여성 참정권을 위한 남성 동맹(Men's League for Women's Suffrage)'에 가담했고 윔블던 보궐 선거에서 하원 의원 후보로 출마했다. '여성 참정권 보장'이라는, 당시로서는 인기가 없었던 주장을 갖고 선거에 뛰어들어 낙선을 했던 그는 이에 굴하지 않고 1911년 베드퍼드에서 하원 의원 후보로 출마했다 또 고배를 마셨다.

이 당시까지만 해도 자유주의적 성향이 강했던 러셀은 제1차 세계 대전이 발발할 무렵부터 사회주의와 평화를 향한 사회 활동을 벌이기 시작했다. 러셀은 '점진적인 사회 개혁'을 표방한 사회주의 조직 페이비언 협회에 가입하고 1차 대전이 시작되자 징병 거부 협회를 만들어 징병제 도입 반대 운동을 벌였다. 또 1차 대전 시기 영국의 대표적 반전 운동 단체인 민주 통제 연맹을 결성해 국가의 대외 정책을 의회의 통제 하에 둘 것을 주장했다.

1916년 의회에서 병역법이 통과되자 18~41세의 모든 남자에게 병역의 의무가 부과됐다. 징병 거부 협회는 국민들을 상대로 징병 거부 캠페인을 광범위하게 펼치기 시작했고 러셀은 이 활동을 이유로 케임브리지 대 강사직에서 쫓겨났다. 그는 직장을 잃었을 뿐 아니라 투옥되기도 했다. 협회의 기관지《트리뷰널》의 편집장으로 활동하던 1918년 미군의 파업 파괴 행위를 비난하는 글을 쓴 것을 이유로 구속돼 브릭스톤 교도소에서 6개월 동안 복역했다. 감옥 안에서 러셀은《정치적 이상: 자유로의 길》이라는 제목의 책을 썼다. 이 책에서 러셀은 "사회주의, 무정부주의, 생디칼리슴의 선구자들은 대부분 자신의 주장을 굽히지 않기 위해 투옥, 망명, 가난을 무릅썼다"며 자신의 정치적 신념을 지키고자 하는 의지를 피력했다.

_협동적 소유, 탈중심화, 자치를 지향하는 사회주의

1914년 노동당에 가입한 러셀은 베트남에 대한 1965년 미국의 정책을 지지한 해럴드 윌슨 노동당 정부에 항의하는 뜻에서 당원증을 찢어 버릴 때까지 50여 년 동안 당원으로 활동했다. 그 와중에 러셀은 두 차례 노동당 후보로 선거에 출마하기도 했다.

러셀의 사회주의 사상은 마르크스주의와는 거리를 두고 있었다. 이는 소련에 대한 그의 입장에서 나타난다. 그는 러시아 혁명 발발에 대해 지지를 표명했으나 전쟁이 끝난 후 1919년 노동당을 대표해서 소련을 방문한 후 볼셰비즘에 대해 비판적인 입장을 취했다. 그는 "민주주의가 존재하는 곳의 사회주의자들은 설득에 의존해야 하며, 무력은 적들이 비합법적인 무력으로 나올 때에만 사용해야 한다"며 "이런 방법을 쓰면 사회주의자들이 크게 우세할 수 있을 것이므로 결전 기간을 단축시킬 수 있을 것이고 따라서 문명 파괴라는 심각한 사태로까지 나아가지 않아도 될 것"이라고 주장했다.

폭력을 배척한 평화주의자 러셀은 프롤레타리아 독재, 중앙 집권적 사회 경제 체제에 반대했다. 따라서 그의 사회주의 사상은 협동적 소유, 탈중심화, 자치를 지향하는 동업조합 사회주의(Guild Socialism)에 가까웠다.

그는 〈사회주의를 위한 변명〉이라는 제목의 글에서 사회주의는 "경제적으로 볼 때 적어도 토지와 광물, 자본, 은행, 신용, 무역을 포함한 기본 경제권을 국가가 소유"해야 하며 "정치적인 면에서는 정치권력이 민주적이어야 한다"고 설명했다. 러셀에 따르면 사회주의는 여가를 고르게 분배할 수 있게 해 주고 여성 해방을 가능하게 하며 예술의 발전에도 기여할 것이다. 러셀은 무엇보다 사회주의를 위한 가장 강력한 논거는 '전쟁 방지'라며 현대 자본주의가 전쟁의 원인임을 강조했다.

"세계는 지금, 술버릇을 고치려 애쓰고 있지만 연신 술을 권하는 친절한 친구들에 둘러싸여 번번이 옛 습관으로 되돌아가고 마는 술꾼과도 같은 상태에 있다. 이 경우, 그 친절한 친구들은 그의 불행한 주벽으로 인해 득을 보는 자들이므로 그가 술버릇을 고치기 위해선 먼저 그 사람들부터 제거해야만 한다."

1930년대 유럽에서 파시즘이 득세하고 2차 대전이 발발했을 때 그는 강단에 머무르지 않고 반파시즘, 반전 운동을 벌여 실천적 지식인의 모습을 보여 줬다. 또한 1954년 미국이 남태평양 비키니 군도에서 수소 폭탄 실험을 실시하자 아인슈타인과 함께 핵무기 제조에 반대하는 러셀-아인슈타인 선언을 발표하고 과학의 평화적인 이용을 위한 퍼그워시 회의* 초대 의장을 맡아 활동을 벌였다.

또 1958년에는 영국의 대표적 반핵 운동 단체인 핵 감축 캠페인(CND) 결성을 주도했고 1960년에는 보다 급진적인 1백인 위원회

---

* **퍼그워시 회의** : 핵전쟁의 위험에서부터 인류를 보호하기 위하여 각국의 과학자가 개최하는 국제회의로 1955년 러셀, 아인슈타인 등이 제창했고 첫 번째 회의는 1957년 캐나다 퍼그워시에서 열렸다.

를 결성해 시민 불복종 운동을 벌였다. 이듬해 그의 나이 여든아홉 살 때 러셀은 농성을 벌이다 체포돼 7일간 구금되기도 했다. 1970년 아흔여덟의 나이로 세상을 뜨기까지 러셀은 뛰어난 철학자였을 뿐 아니라 평생 동안 사회 정치 운동에 주도적으로 참여한 혁명 운동가였다.

_윤재설

●● 버트란트 러셀 Bertrand Arthur William Russell, 1872~1970

수리 철학, 기호 논리학을 집대성하여 분석 철학의 기초를 쌓은 것으로 유명한 영국의 철학자 · 수학자 · 사회 평론가. 인류 문명사의 관점에서 인간의 본성은 무엇이고 어떤 본능과 충동을 가지고 있는가, 인간의 문명은 어떻게 시작되었고 어떻게 사회를 구성하였는가를 날카롭게 통찰한 강연 모음 《권위와 개인(Authority and the Individual)》으로 1950년 노벨 문학상을 수상했다. 그밖에 《정신의 분석》, 《의미와 진리의 탐구》 등의 저서가 있다. 논리학에서는 화이트헤드와 함께 쓴 《수학의 원리》가 유명하고, 철학 분야 저서로는 신실재론을 주장한 《철학의 제 문제》 등이 있다. 그는 저술뿐 아니라 사회 운동에도 적극적이었는데 평화주의자로서 제1차 세계 대전과 나치스에 반대하였으며, 원자 폭탄 금지 운동과 베트남 전쟁 반대 운동에 앞장섰다.

04 장 폴 사르트르_

자유는 혁명을 통해
실현된다

Jean-Paul Sartre

_파리 지식인들과 함께 레지스탕스 활동

"그것은 아직도 어린아이 단계에 있다. 그것은 자기 발전을 거의 시작도 못하고 있다. 따라서 그것은 우리들 세기의 철학으로 남아 있다. 그것은 아직 뒤떨어진 것이 아니다. 왜냐하면 그것을 낳았던 시대적 상황이 아직 사라진 것이 아니기 때문이다."

실존주의 철학자이자 참여 작가로 유명한 장 폴 사르트르가 〈마르크스주의와 실존주의〉라는 논문에서 마르크스주의에 대해 언급한 대목이다. 마르크스주의를 '우리 시대의 철학'이라고 주장한 사르트르였지만 그가 처음부터 마르크스주의에 가까웠던 것은 아니다. 그는 파리 고등사범학교 시절 철학을 공부하면서 마르크스에 대해 반감을 갖고 있던 스승들로부터 영향을 많이 받았다. 그는 1957년에 쓴 위 논문에서 이렇게 회고하고 있다.

"(…) 1925년, 즉 내가 스무 살이었을 때, 대학에는 마르크스주의를 위한 강좌가 하나도 없었다. 그리고 학생 공산주의자들은, 자신들이 마르크스주의자로 불리는 것이나 또는 심지어 자신들의 세미나 과정에서 마르크스주의를 언급하는 것조차 경계하고 있었다."

파리 고등사범학교를 졸업한 사르트르는 고등학교 철학 교사로 일하면서 〈구토(La Nausée)〉, 〈벽〉 등 소설과 희곡 작품을 발표하다가 2차 대전 기간 군복무 중 독일군에 잡혀 포로수용소에 수감됐다. 포로 생활을 마치고 다시 고등학교 철학 교사로 근무하던 중 그는 나치에 반대하는 희곡 〈파리들〉을 발표하는 등 독일군 치하에 있던 파리에서 직접 총을 들고 싸우지는 않았으나 지식인으로서 활발한 레지스탕스 활동을 전개했다. 사르트르는 이때 그의 동반자인 시몬느 드 보부아르, 메를로 퐁티 등과 함께 지식인들이 중심이 된 지하서클 '사회주의와 자유(Socialisme et Liberté)' 를 결성했다.

_ 지식인으로서, 작가로서 사회 참여 강조

지식인으로서, 작가로서 사회 참여(앙가주망, engagement)를 강조했던 사르트르의 사상은 이미 전쟁 중 그의 저항 운동에서 그 단초를 실천적으로 보여 줬다. '사회주의와 자유' 의 활동이 지지부진하자 그는 서클을 해산하고 집필에 전념하기 시작했다. 사르트르는 포로수용소 시절에 구상했던 실존주의 철학서 《존재와 무(L' Etre et le Né ant)》를 1943년 발간함으로써 철학자로서 두각을 드러내기 시작했다. 1945년 교직 생활을 청산한 후 사르트르는 학창 시절부터 오랜 친구였던 철학자 메를로 퐁티와 함께 좌파 잡지 《현대 (Les Temps Modernes)》를 창간하고 본격적으로 자신의 사상을 펼쳐 나가기 시작했다.

하지만 전후 자신의 무신론적 실존주의 사상이 프랑스 지성계에서 마치 유행처럼 번지고 있을 때 그는 오히려 자신의 사상으로부터 벗어나기 시작했다. 그가 1951~1952년 무렵 마르크스를 다시 읽기 시작한 이후였다. 사르트르는 냉전이 깊어가기 시작하자 1952년 빈에서 열린 공산주의자들의 평화를 위한 민중 대회에 참석하고 소련에 대한 지지를 표명하는 등 사회주의 지식인으로서의 실천 활동을 펼쳤다. 이런 활동으로 인해 사르트르는 그의 오랜 친구였던 알베르 카뮈와 멀어졌다.

1950년대 사르트르는 프랑스 공산당을 자유의 신장과 사회의 변화를 위한 활동을 벌이는 당으로 보고 기대를 걸고 있었다. 하지만 그는 1968년 혁명 당시 학생들의 투쟁을 한낱 철부지들의 모험주의로 치부했던 프랑스 공산당을 비판하고 철저히 학생들의 편에 섰다. 그는 프랑스의 주요 지식인 가운데 처음으로 학생들에 대한 지지를 선언한 인물이었다. 사르트르는 1968년 5월 혁명의 학생 지도자 다니엘 콩방디와의 대담에서 "우리 사회를 오늘날의 모습으로 만들었던 그 모든 것을 부정하는 무언가가 당신에게서 솟아 나오고 있다. 나는 이것을 가능성의 확장이라고 부르고 싶다. 포기하지 말라"며 강력한 지지 의사를 표시했다.

1956년 소련의 헝가리 침공은 그에게 현실 체제로서의 사회주의에 대해서는 회의를 갖게 만들었지만 사르트르는 '하나의 가치,

즉 스스로 목적으로 고양되는 자유'로서의 사회주의마저 버리지는 않았다.

_ 실존주의와 마르크스주의 결합 시도

사르트르는 실존주의와 마르크스주의의 결합을 시도했다. 실존주의자로서 '자유'를 중시한 사르트르에게 있어 자유는 혁명을 통해 실현되는 것이었다. 사르트르는 자유를 실현할 "혁명은 보다 길게 지속될 것이며 보다 강력할 것"이라고 주장했다. 그는 "민중 세력이 부르주아의 권력에 대해 부분적 승리를 거두고 진보와 반동이 되풀이되며 제한된 성공과 일시적 실패가 반복되는 이 싸움은 (…) 모든 권력이 완전히 해소되는 새로운 사회가 도래할 때까지 적어도 50년은 걸릴 것"이라며 "혁명은 하나의 권력이 다른 권력에 의해 전복되는 순간이 아니라 권력을 극복해 가는 하나의 긴 과정"이라고 지적했다.

남미의 혁명가 체 세바라에 대해 '우리 시대의 가장 완벽한 인간'이라는 유명한 찬사를 보내기도 했던 사르트르는 1968년 혁명 이후 1980년 숨을 거둘 때까지 베트남전에 반대하는 시위에 참가하는 등 신좌파 학생들의 운동에 동참했다.

사르트르에 내해 부르주아 철학자들은 그가 초기의 실손주의에서 후기 마르크스주의로 경도되면서 자기모순에 빠졌다고 비판하고 있다. 하지만 그는 "쓸 수 있고 말할 수 있는 한 지배 계급의 헤게모니를 거부하고 민중을 지키는 민중 계급의 옹호자로 남는 것"이야말로 참된 지식인의 역할이라고 주장한 실천적 좌파 지식인이었다.

_윤재설

●● 장 폴 사르트르 Jean-Paul Sartre, 1905~1980

무신론적 실존주의를 제창하고 문학의 사회 참여를 주장한 것으로 유명한 프랑스의 작가·사상가. 프랑스 파리의 국립 고등사범학교를 졸업한 후 고등학교 철학 교사로 재직하다 독일로 유학을 떠나 후설과 하이데거를 연구했다. 1939년 제2차 세계 대전에 참전했다가 독일군에 포로로 잡혔으며 1941년에 수용소를 탈출했다. 종전 후에는 메를로 퐁티 등의 도움으로 잡지《현대》를 창간하여 전후 프랑스 사회의 문단과 논단을 주도하며 활발히 활동했다. 무신론적 실존주의의 입장에서 전개한 존재론인《존재와 무》(1943)는 그의 철학 분야를 대표하는 책이다. 장편 소설《자유의 길(Les Chemins de la liberté)》(1945~1949)을 비롯해 여러 편의 소설과 희곡으로 작가로서도 활발히 활동했다. 유명한 소설《구토》(1938)로 1964년 노벨문학상 수상자로 선정되었으나 수상을 거부한 일화도 유명하다.

05 조지 버나드 쇼_
모두에게 차별 없이
평등한 분배를

George Bernard Shaw

_ 영국 페이비언 협회의 중심인물

"법률적으로나 실용적으로 가장 단순하게 설명하자면, 사회주의란, 사유 재산을 공공 재산으로 전환시키고 이로써 얻게 되는 공공 수입을 모든 주민에게 차별 없이 평등하게 분배함으로써 사유 재산제를 완전히 철폐하는 것을 의미한다. 따라서 사유 재산 즉 '물적' 재산은 최대한 축적하되 수입의 분배에 대해서는 아랑곳하지 않는 자본주의를 뒤엎는 것이다. 이러한 변화는 완전한 도덕적 전환을 수반한다."

아일랜드 태생의 극작가 조지 버나드 쇼는 〈사회주의: 원칙과 전망〉이라는 제목의 소논문에서 "사회주의에서 사유 재산은 저주의 대상이며 수입의 평등한 분배가 최우선적으로 고려된다. 반면 자본주의에서는 사유 재산이 으뜸이며, 어떤 사회적 부작용이 따르든 분배 문제는 사유 재산에 근거한 자유 계약과 사적 이익의 작용에 맡겨진다"고 설명했다.

노벨 문학상을 수상한 극작가로만 알려진 버나드 쇼는 작품 활동뿐 아니라 논문과 개설서, 팸플릿 등을 통해 사회주의의 이상과 가치를 알리는 선동가였으며 영국 노동자 계급의 정당을 결성하는 데 큰 공헌을 한 사회주의자였다.

조지 버나드 쇼는 1856년 아일랜드의 수도 더블린에서 옥수수

상인이었던 부친 조지 카 쇼와 어머니 루신다 엘리자베스 걸리 쇼 사이에서 1남 2녀 중 막내로 태어났다. 더블린에서 학교를 다니다 부동산 사무소에서 일하던 그는 스무 살이 되던 1876년 런던으로 이사 갔다.

대학 교육을 받은 적이 없었던 그는 대영 박물관에서 책을 읽거나 당시 런던 사회 중류 계급 지식인들의 논쟁을 접하며 스스로 지식을 쌓아가기 시작했다. 이 과정에서 그는 19세기 말 유럽 사회에서 널리 퍼지기 시작한 사회주의 사상을 자연스럽게 접하게 되었다.

쇼는 이 시절 틈틈이 소설을 쓰기도 했지만 20대 청년 시절 그가 발표했던 소설들은 모두 출판사의 외면을 받았다. 그러던 와중에 쇼는 사회 민주 연맹 등 당시 속속 출현했던 사회주의 그룹에 속하면서 본격적인 활동을 벌이기 시작했다. 특히 1884년에 가입한 페이비언 협회는 그의 남은 인생을 규정할 만큼 의미가 컸던 조직이었다. 그는 페이비언 협회 가담과 함께 이 협회의 중심인물이 됐다.

노동조합 및 노동 운동 연구에서 빼놓을 수 없는 인물인 베아트리스·시드니 웹 부부가 함께했던 온건 좌파 조직인 페이비언 협회는 의회를 통한 점진적인 사회 개혁을 추진하려는 사회주의 조직으로 나중에 영국 노동당 건설의 한 주체가 된다. 시드니 웹의 표현에 따르면 이 협회는 혁명이 아닌 지적·정치적 생활의 '침투'를 통한 영국 사회의 변화를 목표로 했다. 버나드 쇼는 이 협회 일을 하면서 《페이비언 선언》, 《진정한 급진 프로그램》 등 사회주의 저작을 발간하고 1889년에는 영국 사회주의의 고전이 된 《사회주의에 대한 페이비언적 연구(Fabian Essays in Socialism)》*를 편집하는 등 페이비언 사상의 형성에 많은 기여를 했다.

페이비언주의는 사회주의가 민주주의와 전문 엘리트를 도구로 삼아 성취될 수 있다는 확신에 근거해 있다. 쇼는 페이비언 사회주의에 대해 이렇게 규정했다. "페이비언 협회가 주창하는 사회주의는 전적으로 국가사회주의이다. (…) 영국은 현재 정교한 민주적 국가 기구를 가지고 있다. (…) 우리에게는 대륙의 군주제 국가들에서 볼 수 있는 국가와 인민 간의 대립이라는 장애물은 없다. 예를 들어 독일에서처럼 국가사회주의와 사회민주주의 간의 구분은 (…) 영국에서는 의미가 없다."

_노동자 정당 결성과 극작가로서의 명성

당시 영국은 산업화가 가장 빠르게 진행됐던 만큼 노동 계급의

---

* **사회주의에 대한 페이비언적 연구** : 이 책은 우리나라에서도 고세훈 고려대 교수의 번역으로 《페이비언 사회주의》(2006, 아카넷)라는 이름으로 출간됐다.

형성도 빨랐으며 이에 따라 조직된 노동 운동의 정치 세력화를 향한 모색이 조금씩 꿈틀거리기 시작했다. 이 과정에서 페이비언 협회의 대표적인 활동가였던 조지 버나드 쇼는 영국 노동조합과 정치 그룹을 오가며 노동자 정당 결성을 위한 활동을 펼치게 된다.

1893년에 쇼는 영국 노동당의 전신인 독립노동당 결성으로 이어진 브래드퍼드 회의에 페이비언 협회를 대표해서 참석했다. 당시 영국 노조 운동 안에서는 독자적인 정당의 결성보다는 자유당을 통한 정치적 영향력 행사를 원하는 경향이 있었는데, 쇼는 1896년 영국의 노동조합 평의회(TUC)에 노조 운동과 밀접한 연관을 갖고 있는 정당의 결성을 제안하는 보고서를 제출하기도 했다. 이후 쇼는 노조 평의회에서 노동 운동의 정치 세력화를 위한 최선의 방안을 마련하는 일을 맡기도 했다.

그의 이 같은 노력에 힘입어 영국의 노동조합 운동 진영은 독립 노동당, 페이비언 협회, 사회 민주 연맹 등 정치 조직과 함께 1900년 노동 대표 위원회(LRC)를 결성했다. 1900년 결성 첫해 선거에서 초대 당수인 탄광 노동자 케어 하디를 당선시킨 노동 대표 위원회는 1906년 29석을 확보하면서 이름을 현재의 노동당으로 바꿨다.

이 무렵 그는 페이비언 협회 활동과 함께 서평, 미술 평론, 음악 평론, 연극 평론 등 왕성한 글을 쓰며 문필가로서 명성을 얻기 시작했다. 또 비평과 함께 자신의 작품을 발표하면서 극작가로서의 명성도 얻게 되었다.

쇼의 초기 작품 가운데는《홀아비의 집(Widower's Houses)》,《워렌 부인의 직업(Mrs. Warren's Profession)》,《유쾌한 극과 유쾌하지 않은 극(Plays Pleasant and Unpleasant)》등 '돈'이라는 경제적 요인으로 인한 당시 영국의 사회 문제를 풍자하는 희곡들이 많다. 한 예로《홀아비의 집》은 사랑에 빠진 선량한 영국 젊은이가 미래의 장인의 재산과 자신의 수입이 가난한 이들을 착취한 결과임을 깨닫는다는 줄거리다.《인간과 초인(Man and Superman)》등 1900년대 초에 그가 쓴 희곡들은 가난과 여성의 권리 등을 다루면서 자본주의가 만들어 낸 문제를 사회주의로 해결할 수 있음을 암시하는 작품들이 대부분이었다.

_1차 대전과 반전 평화 운동

1914년 제1차 세계 대전의 발발은 쇼의 인생에 있어 하나의 전기를 마련했다. 쇼는 다른 저명한 사회주의자들과 마찬가지로 철저한 반전 평화주의자가 됐다. 그는 작품 활동을 중단하고 애국심이라는 미명하에 젊은 생명을 앗아가는 전쟁에 반대하는 선동문을 발표하기 시작했다. 독일은 물론 조국인 영국의 제국주의적 침략도

범죄 행위로 규정한 그는 평화와 협상을 주장했고 일부 우익 세력의 비난을 받기도 했다.

그의 이 같은 반전 평화 운동은 1920년 무대에 올려진《상심의 집(Heartbreak House)》에서 극화되기도 했다. 쇼는 이 작품을 통해 전쟁 발발 직전의 한 시골집을 배경으로 전쟁의 유혈에 책임져야 할 세대의 정신적 파탄을 폭로했다. 잔 다르크의 이야기를 다룬 《성녀 조앤(Saint Joan)》은 세계적인 찬사를 받았고 1925년 버나드 쇼는 노벨 문학상 수상자로 선정됐다. 쇼는 이후에도《여성을 위한 사회주의 안내》등 사회주의의 이념을 쉽게 설명하는 팸플릿과 정치 선동문을 작성하는 한편 사회적인 이슈에 대한 저서를 발간하며 1950년 11월 2일 숨을 거두기까지 사회주의에서 멀어지지 않고 한평생 영국 사회민주주의 운동에 속해 있었다. 그의 사회주의에 대한 신념은 다음과 같은 서술에 잘 드러나 있다.

"사회주의가 대중과 지식인의 신뢰를 쌓아 온 것보다 훨씬 빠른 속도로 자본주의는 대중적 신뢰를 상실해 왔다. 그 결과 20세기 첫 4반세기 말 현재 유럽 정치 상황은 혼란스럽고 위험하다. 안정된 사회주의 국가의 실현은 사유 재산—이를 개인 재산과 혼동해서는 안 된다—의 철폐와 소득의 평등이라는 두 가지 주요 신조가 종교적 도그마처럼 민중의 마음을 사로잡게 될 때 비로소 가능하다." _윤재설

●● 조지 버나드 쇼 George Bernard Shaw, 1856~1950

영국의 극작가 · 소설가 · 비평가. 아일랜드 출신으로 1876년부터 런던에 살면서 사회 문제에 관심을 갖게 되었고 1884년 만들어진 영국의 사회주의 단체 페이비언 협회에서 활동했고 제1차 세계 대전 때에는 반전론을 주창했다. 1892년 첫 상연된 《홀아비의 집》은 영국 극단(劇壇)에서 최초의 문제작이 되었고, 그의 최대 걸작인 《인간과 초인》(1903)으로 세계적인 극작가로서 명성을 얻었다. '희극과 철학' 이란 부제가 붙은 이 작품은 그의 중심 사상 중 하나인 '생명력' 의 철학을 보여 주는 작품으로서, 종래의 《돈 후안》을 반대로 하여, 여주인공이 남성을 쫓는 줄거리이다. 만년의 걸작 《성녀 조앤》(1923)에서는 잔다르크를 신과 인간의 영혼 사이에 교회나 사제 같은 중계자를 인정하지 않는 신교도로, 또 나폴레옹적인 전술가로, 근대적 내셔널리즘의 무의식적인 체현자(體現者)로 묘사하였다. 1925년에 노벨문학상을 받았다.

06 이브 몽탕 _

정치 활동과 예술을
결합한 프랑스의 거인

Yves Montand

_ 이탈리아 공산당원이었던 아버지

1991년 11월 9일 프랑스의 텔레비전과 라디오 방송국은 모든 정규 프로그램을 중단했다. 국민 가수이자 국민 배우인 이브 몽탕의 죽음을 애도하기 위해서였다. 대표적인 샹송 〈고엽(Les Feuilles Mortes)〉을 비롯해 그의 노래가 라디오를 통해 전국에 울려 퍼졌고 텔레비전에서는 그가 출연한 영화가 방영됐다. 프랑수아 미테랑 당시 대통령은 성명을 발표해 "그와 함께 우리 시대의 위대한 목소리와 배우로서의 뛰어난 재능이 사라졌다"고 그의 죽음을 슬퍼했다. 샤를르 드 골 사망 이후 프랑스는 다시 깊은 슬픔에 잠겼다.

이브 몽탕은 이처럼 프랑스를 대표하는 가수이자 영화배우였지만 그의 생애를 더욱 빛나게 했던 것은 노동자 계급의 편에서 좌파 정치 활동을 벌여 온 것이었다. 프랑스 공산당의 당원이자, 정치 영화의 배우로 활동했던 그는 정치 활동과 예술을 결합시킨 프랑스 최고의 좌파 예술가였다.

이브 몽탕이 공산주의자가 된 데는 그의 아버지 지오반니 리비의 영향이 컸던 것으로 알려져 있다. 지오반니 리비는 이탈리아 농노 출신으로 1921년 당시 급부상하던 사회당의 급진적 다수파가 결성한 이탈리아 공산당에 가입해 중부 토스카나에서 활발한 활동을 벌이기 시작했다. 이해 10월 그의 셋째 아이 이브 몽탕이 이보

리비라는 이름으로 태어났다.

당시 이탈리아는 노동자 계급의 투쟁이 들불처럼 번졌지만 1차 대전 이후 반동의 물결이 거세지기 시작했다. 민족주의와 인종주의를 앞세운 파시스트당이 점차 영향력을 발휘하기 시작한 것이다. 1922년 결국 베니토 무솔리니가 이끄는 파시스트당과 검은셔츠단*이 쿠데타로 정권을 잡았다. 무솔리니는 집권 후 공산주의자들을 색출하기 시작했는데 지오반니 리비는 1924년 파시스트당에 소환돼 "협력을 하지 않으면 끔찍한 결과를 맞이할 것"이라는 말을 듣고 프랑스 남부의 마르세유로 피신했다. 그는 원래 가족과 함께 미국으로 망명할 계획이었으나 미국 이민법의 개정으로 이민이 불가능해지자 마르세유에 정착해 1929년 시민권을 부여받았다.

_당대 최고의 스타가 공산당원이 되다

열한 살에 학업을 중단하고 빵 공장에 다녀야 했던 이보는 열다섯 살 때부터 누이인 리디아의 미용사 일을 도우며 돈을 벌어야 했다. 가난했던 유년 시절, 프랑스로 건너와서도 공산당 활동에 열성

---

* **검은셔츠단** : 무솔리니가 이끈 이탈리아 파시스트당의 전위 활동대. 검은 셔츠를 유니폼으로 입고 다녀 이런 이름이 붙었다.

이던 아버지와 공산당에서 전업 활동가로 일하던 형 길리아노의 영향으로 인해 이보는 약자의 편에 서 있는 좌파가 정당하다는 인식을 점점 굳혀갔다. 제철소에서 노동을 하던 1938년 열일곱 살의 이보는 우연히 마르세유의 한 밤무대에서 공연 전 분위기를 잡는 가수 역할을 하면서 재능을 인정받기 시작했다. 이때 그는 예명을 이브 몽탕으로 지었다. '몽탕'은 그가 어렸을 때 밖에서 뛰어놀면 집안에 있던 어머니가 창문가에서 그에게 "이보! 올라와(monta)"라고 불렀던 데서 비롯된 것이다.

이브 몽탕은 점차 인기를 모으기 시작했고 변두리 극장이긴 했지만 자신만의 공연을 갖기도 했다. 그러나 곧이어 발발한 2차 대전으로 인해 그는 나치의 강제 노역에 동원돼야만 했다. 파리가 함락된 이후 그는 원래 이름 리비가 유대인 이름 레비(Levi)와 비슷해 독일 비밀경찰(게슈타포)에게 끌려가 조사를 받기도 했다.

1944년 2월 수용소를 탈출해 파리로 간 이브 몽탕은 파리에서 가수로서 명성을 날리게 됐고 1945년 8월 전설적인 샹송 가수 에디트 피아프와 만나게 됐다. 에디트 피아프의 도움으로 더욱 유명해진 이브 몽탕은 영화에도 발을 들여놓았다. 할리우드가 그에게 주목하기도 했지만 당시 매카시즘이 위력을 발휘하고 있던 미국은 가족의 공산주의 전력을 들어 그의 입국을 불허했다. 하지만 프랑스에서 가수이자 배우로서 몽탕의 인기는 더욱 높아졌다. 1951년 그는 당시 인기 여배우인 시몬느 시뇨레와 만나 이듬해 결혼을 했다.

그가 공산당 활동을 시작한 것은 바로 이때쯤이었다. 그는 1950년 원자 폭탄에 반대하는 선언문에 서명하고 프랑스 공산당의 당원으로 가입했다. 당대 최고의 스타가 공산당 당원이 된 것이다. 그의 아내 시몬느 시뇨레 역시 공산당 당원으로 가입해 거리 시위에 나서기도 했다.

몽탕은 가수, 배우 생활을 하면서도 정치 집회에 참가해 연설을 하면서 정치적인 활동을 벌였고 1956년에는 소련과 동구권 국가들을 방문해 환대를 받았다. 하지만 아버지의 영향으로 스탈린주의에 대해 비판적이었던 그는 소련군의 헝가리 침공이 있었던 이때부터 소련에 대해 반감을 갖기 시작했다. 매카시즘의 열풍이 잦아들었던 1960년 그는 아내인 시몬느가 상을 받기 위해 로스앤젤레스에 머무는 동안 마릴린 먼로와 〈사랑합시다〉라는 영화를 찍었다. 영화보다는 그와 마릴린 먼로와의 염문이 세인의 관심을 모으기도 했다.

_ 베트남전 반대 등 평화와 민주주의 옹호

1960년대 그는 베트남전 반대 운동에 동참하는 등 활발한 사회 활동을 벌였다. 하지만 1968년 소련군이 탱크를 밀고 체코를 침공한 것에 반발해 그는 공산당에서 탈당했다. 그렇다고 해서 그가 좌파에서 완전히 멀어진 것은 아니다. 그리스 출신의 정치 영화감독 코스타 가브라스의 〈Z〉와 〈계엄령〉에 출연해 군사 독재와 미국의 제3세계 정치 개입을 비판하는 한편 피노체트 독재 시절 칠레의 민주 세력을 지원하기 위해 산티아고를 방문해 샹송을 부르는 등 민주주의와 인권, 평화와 정의를 위한 투쟁을 그치지 않았다. 또 1980년대에는 폴란드 연대노조 지원에도 힘썼다.

사망한 지 20년이 가까운 지금까지도 이브 몽탕이 샹송 가수나 명배우의 경지를 뛰어넘어 프랑스인들의 가슴 속에 거인으로 남아 있는 것은 바로 그의 지칠 줄 모르는 사회적 발언과 활동에 있었다. 1980년대 프랑스인들은 이브 몽탕을 대통령 후보로 거론하기도 했으나 그는 죽는 날까지 영화에만 전념했다.

1991년 11월 8일 장 자끄 베네 감독의 영화를 찍고 있던 그는 심근경색으로 쓰러져 다음날 파리 교외의 상리 병원에서 70세의 인생을 마쳤다. 그는 연인이었던 에디트 피아프와 시몬느 시뇨레가 묻혀 있는 파리의 공동묘지 페르 라 셰즈에 안장됐다. 국내 언론에서는 그가 1968년 소련의 체코 침공 이후 가장 열렬한 반공주의자로 전향했다고 보도했지만 그는 말년에 자서전 《나는 잊지 않았다》에서 회고한 것처럼 평생 동안 좌파의 길을 지킨 인물이었다. _윤재설

●● 이브 몽탕 Yves Montand, 1921~1991

이탈리아 출생의 프랑스 샹송 가수 · 영화배우. 이탈리아 공산당원이었
던 아버지가 파시스트에 소환돼 협력을 요구받자 가족이 미국으로 망명하려
다 프랑스 마르세유에 정착했다. 열한 살에 학업을 중단하고 빵 공장 등에서
일할 정도로 가난하게 지내다가 열여덟 살에 가수가 되었다. 1944년 파리의
물랭루주에 출연하여 에디트 피아프의 후원으로 빛을 보게 되었고 다양한 노
래뿐 아니라 연기와 춤 실력까지 곁들여 많은 이들의 사랑을 받았다. 1951 ·
1952 · 1954년 디스크 대상(大賞)을 수상했다. 대표곡으로 〈바르바라〉, 〈고
엽〉, 〈새벽에〉 등이 있다. 〈밤의 문〉(1946)을 비롯해 〈공포의 보수〉(1952),
〈악의 결산〉(1955) 등 영화에도 출연하였다.

사적 소유 폐지 주장한
예술 지상주의자

Oscar Fingal O' Flahertie Wills Wilde

_19세기 말 영국 사회주의 사상 형성에 기여

프란시스 베이컨, 조안 바에즈, 데이빗 보위, 말론 브랜도, 카사노바, 윈스턴 처칠, 제임스 딘, 재니스 조플린, 차이코프스키, 볼테르… . 이들은 '세계의 사회주의자'가 아니라 '세계의 동성애자'라는 기획이 있다면 후보 명단에 오를 만한 인물들이다. 물론 이 가운데에는 동성애자임을 공공연하게 밝힌 이들도 있고 전해 오는 이야기를 근거로 동성애자 '였을' 것으로 추측되는 이들도 있다.

그렇다면 오스카 와일드는 어디에 속할까. 동성애가 남색(sodomy)이라는 이름으로 금지된 당시의 영국 사회에서 적극적으로 자신의 '사랑'을 변호했던 것으로 봤을 때 그는 아마도 전자에 속할 것이다. 동성애 혐의로 체포돼 법정에 선 자리에서 자신의 사랑을 "플라톤 철학의 기초에서든 미켈란젤로와 셰익스피어의 작품에서든 찾을 수 있는 (…) 전혀 부자연스럽지 않은 것"이라고 항변했던 것을 보면 그런 믿음은 더욱 강해진다.

하지만 그를 영국의 극작가 정도로만 아는 사람이나, 본국에서 실형을 선고 받고 쫓겨난 동성애자라는 것 정도까지 알고 있는 사람도 그가 "자본주의 체제는 개혁되는 것이 아니라 철폐돼야 한다"고 부르짖었던 사회주의자였다는 사실은 잘 모를 것이다. 가령 그가 1891년에 쓴 에세이집 《사회주의적 인간의 영혼》에서 "사회주의, 공산주의 또는 그것을 뭐라고 부르든지, 사유 재산을 공공의 부로 바꾸고 경쟁을 협력으로 대체하는 것은 사회를 바람직한 상황으로 회복시키게 될 것"이라고 주장했던 것이나 당시 영국의 심각한 사회 문제인 빈곤의 해결책에 대해 "가난한 사람들을 그저 생존하게 하는 것은 해결 방법이 아니"며 "빈곤이 불가능하도록 사회를 재건설해야 한다"는 과격한 주장을 했던 것은 잘 알려져 있지 않다.

사회주의자이자 동성애자였던 오스카 와일드는 1854년 아일랜드 더블린의 문필가 집안에서 태어났다. 와일드는 스무 살 때 옥스퍼드 대학에 들어가 작가이자 사회주의 사상가였던 존 러스킨을 만나 가르침을 받았다. 이후 존 러스킨과 오스카 와일드는 19세기 말 영국 사회주의 사상의 형성에 큰 영향을 끼친 것으로 평가되고 있다.

오스카 와일드는 대학 시절부터 그의 광기를 드러내기 시작했다. 그는 옥스퍼드 시절 긴 머리에 기괴한 옷차림을 하고 다니며 눈길을 끌었고 종교를 모독하며 당시 사회의 위선을 공격했다. 그는 1878년 졸업 후 미국, 캐나다, 영국 등지에서 강의를 하거나 잡지에 기고를 하면서 당시 영국에서 유행하던 예술 지상주의의 대변인이 됐다.

_예술 지상주의는 외적 제약에 대한 거부

예술 지상주의와 사회주의의 결합, 언뜻 이해가 가지 않지만 당시 예술 지상주의는 외적 제약에 대한 거부, 예술의 자유를 위한 투쟁의 차원에서 제기된 것이었고 그런 면에서 반부르주아 의식과 통했다. 즉 부르주아지들이 자신들의 정치적 목적을 위해 예술을 선전의 도구로 삼으려는 것을 철저히 거부하는 진지함이 예술 지상주의의 이면에 깔려 있었던 것이다.

그의 작품 속에서도 그런 결합이 나타나 있다. 1888년 출간된 그의 동화《행복한 왕자》를 살펴보자.《행복한 왕자》는 한 평생을 행복하게 살다가 죽은 왕자가 동상으로 세워진 뒤, 세상에 가난하고 불쌍한 사람들이 많다는 것을 깨닫고 자신이 가진 것을 아낌없이 나누어 줌으로써 축복을 받게 된다는 내용의 동화다. 이 작품은 기성 제도와 부르주아 속물주의에 대한 예술 지상주의자들의 철저한 비타협성을 보여 주는 작품으로 평가되고 있다.

1890년에는 그의 대표작으로 여겨지는 첫 장편 소설《도리언 그레이의 초상(The Picture of Dorian Gray)》이 발표됐는데 이 작품은 당시 큰 논란을 불러일으킨 문제작이었다. 한 아름답고 순수한 청년이 자신의 본성에 눈을 뜨게 되고 '아름다움을 찾아' 쾌락주의에 빠졌다가 비참한 말로를 겪게 된다는 내용이다. 사실 소설 주인공 도리언 그레이는 와일드 자신의 분신이기도 하다. 그 역시 1895년 동성애자 애인 더글러스 경과 알제리로 여행을 갔다 온 이후 체포돼 2년간 복역하게 된 것이다. 석방 후 영국 국적을 박탈 당한 그는 파리에서 혼자 살다가 1900년 11월 30일 감옥에서 얻은 뇌수막염으로 마흔여섯의 나이에 쓸쓸한 죽음을 맞았다.

_ 죽은 지 백 년만에 되찾은 명예

오스카 와일드는 영국에서는 셰익스피어 다음으로 많이 읽히고 무대에 오른다는 말이 있을 정도로 널리 알려진 작가다. 그가 살던 빅토리아 시대 영국의 근엄함과 위선을 소설과 희곡을 통해 날카롭게 풍자했던 그는 동성애자라는 이방인의 길을 걷다가 조국으로부터 버림을 받았다. 그의 명예는 사망 1백 년 가까이 된 1998년에야 비로소 회복됐다. 오스카 와일드 사망 98주기인 그 해 11월 30일 노동당 정부가 런던 중심부 트라팔가르 광장 근처에 '오스카 와일드와의 대화' 라는 이름의 기념비를 세운 것이다. 그때까지 영국 땅에 오스카 와일드의 기념비는 하나도 없었다. 이날 동상 제막식에는 노동당의 마이클 풋 전 당수와 영화배우 주디 덴치 등 많은 저명인사들이 참석했다. 동성애자임을 공개적으로 밝힌 바 있는 노동당 정부의 크리스 스미스 문화부 장관은 "그는 편견에 도전한 인물" 이라며 "우리가 오늘날 다양성을 존중하는 사회를 찬양할 수 있게 된 것은 여러 측면에서 오스카 와일드의 덕분" 이라고 칭송했다.

사망 1백 년이 지나고 난 후 오스카 와일드의 삶과 문학 세계는 새로운 조명을 받고 있다. 사회주의와 탐미주의라는 일견 모순된 주장을 한 듯 보이는 오스카 와일드는 사적 소유가 악의 뿌리라고 주장하며 사회주의를 옹호하는 데 있어서 가장 철저한 입장에 서 있었다. "사유 재산은 개인주의(individualism)를 저해한다"고 주장한 그는 "사유 재산을 철폐시킴으로써 우리는 참되고 아름답고 건강한 개인주의를 영위할 수 있을 것"이며 "아무도 물질을 축적하는 데 자기 인생을 허비하지 않을 것"이라고 지적했다.

　　이런 점에서 그의 사회주의 사상은 기독교적인 공동체 주의에 가깝다. 하지만 오스카 와일드는 기독교식의 자기희생을 통해 사회 문제에 접근하는 것이 아니라 사적 소유제의 철폐와 같은 사회 체제의 혁명적인 변화를 통해 해결해야 한다고 주장하는 사회주의 자였다. 그런 점에서 그의 사회주의에 대한 급진적이고도 낙관적인 전망은 오늘날 영국의 좌파 역사가와 사회주의 정치 세력에 의해 다시 비춰지고 있다.

_윤재설

●● 오스카 와일드 Oscar Fingal O' Flahertie Wills Wilde, 1854~1900

아일랜드 시인·소설가·극작가·평론가. 더블린의 대학을 거쳐 옥스퍼드 대학 재학 중 이탈리아의 마을 라벤나를 노래한 시로 뉴디기트라고 하는 신인상을 받았고 대학 졸업 후 작가 생활을 시작했다. '예술을 위한 예술'을 추구하는 탐미주의의 주창자로 유명하다. 대표작이자 유일한 장편 소설인 《도리언 그레이의 초상》은 미모의 청년 도리언이 쾌락주의의 나날을 보내다 파멸한다는 내용이다. 동화집 《행복한 왕자》(1888)와 《석류나무집》, 중편소설집 《아서 새빌 경(卿)의 범죄》, 예술론집 《의향(Intentions)》, 희극 《윈더미어 경(卿) 부인의 부채》(1892), 《보잘것없는 여인》(1893), 《이상(理想)의 남편》(1895), 《진지함의 중요성》(1895) 등을 남겼다. 1892년 프랑스어로 쓴 괴기한 미와 환상의 시극 《살로메》가 1894년 영어로 번역돼 런던에서 출판되었다. 동성애 혐의로 기소되어 유죄 판결을 받고 2년 동안 수감생활을 한 뒤 참회록 《옥중기》(1897)를 썼다.

08 **조지 오웰**_

사회주의의 목표는
인간적 형제애

George Orwell

_ 에스파냐 내란에서 발견한 사회주의

'민주주의'의 반대말이 '사회주의'나 '공산주의'라고 배우던 지난 시절,《동물농장(Animal Farm)》이나《1984년(Nineteen Eighty Four)》은 종종 아주 부정적인 이미지의 '사회주의 체제'의 참혹함을 보여 주는 소설로 제시됐다.《1984년》의 '빅 브라더'는 스탈린이나 김일성이었고《동물농장》은 사회주의를 공격하는 풍자로 읽혔다. 하지만 이 두 작품을 쓴 영국의 작가 조지 오웰의 사회주의자로서의 생애와 사상은 가려져 있었다. 가령 오웰이 에스파냐 내란에 참가하고 난 후 쓴《카탈루냐 찬가(Hamage to Catalonia)》라든가 몇 가지 짧은 에세이 그리고 좌파 언론《트리뷴》에서의 활동 등을 보면 그의 사회주의적 지향을 확인할 수 있다.

"사회주의는 보통 '생산 수단의 공동 소유'로 정의된다. 거칠게 보면 전체 국민을 대표하는 국가가 모든 것을 소유하며 만인은 국가의 피고용인이다. 이는 옷, 가구 등 인민들의 사적 소유가 금지된다는 것이 아니라 토지, 광산, 선박, 기계류와 같은 생산 도구가 국가의 자산이 된다는 것을 의미하는 것이다. 국가는 유일한 대규모 생산의 담당자다."

그는 1941년 평등한 사회를 염원하는 내용의 소책자《사자와 일각수》에서 사회주의에 대한 자신의 생각을 펼치고 있다.

"사회주의가 모든 면에서 자본주의보다 우월한지는 확실하지 않다. 하지만 확실한 것은 자본주의와 달리 사회주의는 생산과 소비의 문제를 해결할 수 있다는 것이다. 평상시 자본주의 경제 하에서 생산되는 재화는 모두 소비될 수 없다. 항상 과잉 생산이 되며 실업은 항상적으로 존재한다. (…) 사회주의 경제에서 이러한 문제는 존재하지 않는다. 국가는 단지 어떤 재화가 필요한지를 계산하고 생산하는 역할을 한다. 생산은 노동과 원료의 양에 의해서만 제한된다."

그는 "생산 수단의 공동 소유가 사회주의에 대한 충분한 정의가 아니"라며 "소득의 평등, 정치적 민주주의, 모든 세습 특권의 폐절" 등이 추가돼야 한다고 덧붙이고 있다.

그의 이 같은 사회주의적 지향이 분명해진 계기는 에스파냐 내란에 참가했을 때의 경험이었다. 오웰은 1936년 에스파냐 내란이 일어나자 북동부의 바르셀로나로 향했다.

원래 에스파냐행의 의도는 신문 기사를 써 보겠다는 것이었지만 바르셀로나에 도착하자마자 그의 생각은 달라졌다. 선거를 통해 들어선 좌파 공화정에 의해 에스파냐 사회는 크게 달라졌고 대영 제국과 그 식민지 인도와 미얀마 정도를 접해 봤던 조지 오웰은 "노동 계급이 권력을 장악한 도시"의 모습에 반해 버렸다. 식당의 점원은 동등한 입장에서 손님을 맞이했고 격식을 차린 말투는 사라졌다.

사람 이름 앞에 붙이는 존칭 '세뇨르', '돈'은 '동지(camarada)'로 바뀌었고 팁을 주는 것은 법으로 금지됐다. 물자는 부족했지만 계급의 차별이 철폐된 평등한 도시를 목격한 오웰은 사회주의에 대해 다시 생각하기 시작했다.

원래 그는 영국에서 작가로 명성을 얻기 시작할 무렵인 1930년대 사회주의에 대해 부정적인 시각을 갖고 있었다. 그가 보기에 사회주의는 비현실적이었고 당시 영국의 사회주의자들 대부분은 중간 계급이 되려는 경향이 있었다. 하지만 거리 곳곳에 포스터가 붙어 있는 바르셀로나의 혁명적 분위기를 접한 그는 바로 마르크스주의 통일 노동자당(POUM)의 의용군에 입대한다. 공화파 정부를 전복시키려는 프랑코의 파시스트 반군과 맞서는 것은 "그 시기, 그 분위기에서는 그것이 해볼 만한 가치가 있는 유일한 일이었기 때문"이었다. "나는 즉시 그 도시의 모습이 내가 싸워서 지킬 만한 가치가 있다고 확신했다"고 오웰은 《카탈루냐 찬가》에 기록했다.

_좌파의 분열과 배신에 크게 좌절

물론 무기도, 제복도 열악했던 의용군이었지만 지휘관과 부하들 사이의 완전한 평등 관계, 유럽 각국에서 모여든 생면부지의 사람들이 금세 친해지는 동지적인 분위기는 그가 '비현실적'이라고 판단했던 사회주의가 실현 가능한 어떤 것일지도 모른다는 생각이 들게 만들기 충분했다.

하지만 오웰이 몇 달 동안 파시스트와 대치를 하다 휴가를 얻어 떠났다 돌아온 바르셀로나는 몇 달 전의 바르셀로나가 아니었다. "혁명적 분위기는 사라졌고" 파시스트와 맞서 싸우는 좌파 연합 진영 안에서 분열이 생기기 시작한 것이다. 오웰이 속해 있던 통일 노동자당이 파시스트가 아니라 같은 좌파와 시가전을 벌이는 사건이 발생한 것이다. 양쪽이 휴전에 합의하고 오웰은 다시 전선으로 돌아갔지만 좌파 내부의 분열은 그에게 큰 상처를 줬다. 《카탈루냐 찬가》는 이처럼 그가 바르셀로나에 도착한 첫날의 감동으로 시작해 에스파냐를 떠날 때의 좌절감으로 끝을 맺는다. 하지만 그는 이 책에서 철저하게 자신이 속한 통일 노동자당 등 혁명 세력을 지지하고 있다.

통일 노동자당과 에스파냐 정부 및 공산당 사이의 분열은 전쟁과 혁명에 대한 전략의 차이에 있었다. 에스파냐 좌파 정부와 공산당은 전쟁에서의 승리를 우선시하면서 혁명은 잠시 유보돼야 한다는 입장이었다. 따라서 전쟁의 승리를 위해서는 반파시스트 자본주의 국가들의 도움을 얻을 수 있다는 것이다. 하지만 통일 노동자당은 혁명의 승리가 전쟁의 승리로 이어진다는 입장이었다. 당시 소련은 정부와 공산당 편을 들었고 내전의 와중에 통일 노동자당 당원들이 체포, 처형되는 사태까지 이른다. 오웰에게 이는 '혁명에 대한 배신'이었고 파시즘 승리의 전주곡이었다. 체포의 위험을 피해 에스파냐 국경을 넘고 프랑스를 거쳐 영국으로 돌아온 그는 1938년 폐렴에 걸려 잠시 모로코에 요양을 갔다가 그곳에서 제2차 세계 대전 발발 소식을 접했다. 오웰은 에스파냐에서 싸웠던 것처럼 파시스트와 맞서 싸우고 싶었지만 병 때문에 참전하지 못했다.

1941년 그는 BBC에 입사하면서 언론인의 길에 들어섰다. 2년 뒤에는 BBC를 나와 1937년에 창간된 좌파 언론 《트리뷴》의 문학 담당 편집자로 일하면서 《동물농장》을 집필하기 시작했다. 알려져 있다시피 당시 소련의 스탈린 체제를 풍자한 우화 소설 《동물농장》은 1945년에 출판됐는데 당시 소련이 영국과 군사 동맹 관계를 맺고 있어 출판에 어려움을 겪기도 했다. 그의 스탈린주의에 대한 비판은 에스파냐 내란에서 목격한 공산당의 배신과 독선에 대한 환멸에서 비롯된 것으로 여겨지고 있다.

_ 행복은 사회주의의 목표 아닌 부산물

영국의 식민지였던 인도에서 태어난 오웰은 영국의 명문 이튼 스쿨을 졸업한 후 미얀마 경찰관으로 복무하다 조국 '대영 제국'의

식민지에 대한 착취를 목격하는 것을 견디다 못해 사직하고 유럽으로 돌아왔다. 이후 오웰은 파리와 런던의 빈민가에서 부랑자 생활을 체험하면서 자본주의 사회의 불평등 문제를 몸으로 깨닫기 시작했다. 오웰은 빈민가에서의 체험과 에스파냐 내란에 참가하면서 느꼈던 희망과 좌절을 사회주의에 대한 옹호와 전체주의에 대한 명백한 반대로 연결시키며 작품 활동을 벌이다 1950년 숨을 거두었다. 그의 마지막 작품 《1984년》은 전체주의가 지배하는 암울한 미래에 대한 경고로 해석되고 있다.

"보통 사람들이 사회주의에 매력을 느끼고 사회주의를 위해 목숨을 거는 이유, 즉 사회주의의 '비결'은 평등사상에 있다."

"사회주의의 진정한 목표는 행복이 아니다. 행복은 여태껏 (사회주의의) 부산물이었고 우리가 아는 한 앞으로도 그럴 것이다. 사회주의의 진정한 목표는 인간적인 형제애이다."

평등과 형제애, 그리고 행복. 조지 오웰이 사회주의에 매력을 느낀 배경이다.   _윤재설

●● 조지 오웰 George Orwell, 1903~1950

영국 소설가. 하급 관리의 아들로 식민지 인도에서 태어났으나 영국에서 자랐다. 역시 식민지였던 미얀마 경찰관 생활을 했으나 식민지배의 문제를 느끼고 사직 후 런던과 파리의 빈민가에서 생활했다. 처녀작《파리·런던의 바닥생활》(1933)과 식민지 백인 관리의 잔혹상을 그린 소설《버마의 나날》(1934)은 이러한 경험의 소산이다. 에스파냐 내란에 의용군으로 참가했지만 좌파 내부의 분열에 실망하고 귀국하기도 했다. 당시의 기록이《카탈루냐 찬가》(1938)에 나와 있다. 러시아 혁명과 스탈린의 배신에 바탕을 둔 정치우화《동물농장》으로 큰 명성을 얻었다. 지병인 결핵으로 입원 중에 또 다른 걸작《1984년》을 완성했는데 이 작품은 현대 사회의 전체주의적 경향이 도달하게 될 종말을 묘사한 공포의 미래 소설이다.

09 허버트 조지 웰스_
사회주의적 상상력으로 쓴
공상 과학 소설

Herbert George Wells

_ 공상 과학 소설 안에 19세기의 계급의식 투영

어린 시절 '세계 공상 과학 소설 선집'에 실려 있는 《타임머신 (The Time Machine)》이나 《투명인간(The Invisible Man)》을 읽어 보지 않은 사람이 있을까. 지금 다시 찾아 읽으면 그리 치밀한 구성 으로 보기 어렵지만 20세기가 아닌 19세기에 쓰인 공상 과학 소설 이라는 사실을 알게 되면 놀라지 않을 수 없다.

《타임머신》과 《투명인간》은 '공상과학'이라는 소설 장르의 시 초라고 불리는 작품들. 한 세기 전에 나온 이 소설들의 아이디어는 수많은 공상 과학 소설과 영화의 주요 소재로 등장했다. 할리우드 의 SF 영화들 중에서 이 공상 과학 소설에 뿌리를 두고 있는 영화들 을 쉽게 찾아볼 수 있다. 예를 들어 〈백투더퓨처〉나 〈터미네이터〉 등 시간 여행을 다룬 영화들은 따지고 보면 1895년에 쓰여진 《타임 머신》에서 아이디어를 따온 것이고 〈투명인간의 사랑〉이나 〈할로 우맨〉과 같은 영화들은 1897년에 쓰인 《투명인간》에서 비롯된 것 이다. 2005년 개봉한 스티븐 스필버그 감독, 톰 크루즈 주연의 〈우 주전쟁〉은 원작을 왜곡시키며 미국 보수층이 중시하는 '가족의 가 치'와 '애국심'을 슬그머니 집어넣기도 했다.

작가인 H.G. 웰스는 《타임머신》, 《투명인간》, 《우주전쟁(The War of the Worlds)》, 《모로 박사의 섬》 등의 작품을 통해 《달세계 여행》,《해저 2만 마일》 등의 작가 쥘 베른과 함께 공상 과학 소설을 하나의 장르로 자리 잡게 만든 대표적인 작가로 기억되고 있다.

너무 오래 전에 읽어서 기억이 안 나는 독자들을 위해 줄거리를 옮기자면 《타임머신》은 19세기 말의 영국 런던에서 주인공이 시간 여행에 대한 연구에 몰두한 끝에 타임머신을 발명하고 그것을 타고 80만 년 뒤의 미래 세계로 떠난다는 얘기다. 그런데 그는 서기 80만 2071년의 미래에서 극단적으로 갈라져 버린 두 종류의 인간을 발견하고 충격을 받는다. 지상에는 가진 자들만이 살면서 노동은 하지 않고 쾌락이나 미를 추구하며 무위도식을 하는 반면, 인공의 지하 세계에서는 가난한 노동자들이 온종일 노동에만 종사하고 있는 것이다. 주인공은 "현대 자본가와 노동자 사이의 차이는 일시적이고 사회적인 것에 지나지 않지만 그것이 점점 확대되어 간 것"임을 깨닫고 탄식한다. "내가 꿈꾸고 있던 인류의 위대한 승리란 이러한 형태의 것이 아니었어요. 내가 본 것은 (⋯) 자연에 대한 승리일 뿐만 아니라 동료인 인간에 대한 승리였어요."

웰스는 공상 과학 소설 안에 19세기 말 영국의 현실에 대해 자신이 갖고 있던 냉철한 계급 인식을 슬쩍 집어넣는다. 예를 들어 시간 여행자가 미래 세계를 소개하면서 "지금도 이스트엔드(런던의 빈민가) 노동자들은 지상의 자연으로부터 완전히 단절된 인공적인 장소에서 살고 있지 않나요"라고 말하는 것은 웰스가 영국 사회에 대해 갖고 있는 인식이 주인공인 시간 여행자를 통해 드러나고 있는 부분이다.

_소설 집필과 더불어 사회주의를 위한 활동 벌여

H.G. 웰스는 1866년 템스 강 남쪽 켄트 주의 브럼리에서 태어났다. 아버지 조지프 웰스는 조그마한 도자기점을 경영하는 상인이었고 어머니는 어느 귀부인의 하녀였다. 웰스는 어릴 적부터 가난에 시달리며 교육도 제대로 받지 못했다. 그는 기본적인 학교 교육만 마치고 열네 살 때 버크셔 주 윈저에 있는 한 양복점의 점원으로 일을 해야만 했다. 재단 보조 일을 싫어하던 그는 얼마 안 있어 그 일을 그만두고 미드허스트 그래머 스쿨의 조수로 일하게 됐다.

웰스는 이곳에서 비로소 학문을 접할 기회를 얻었고, 열여덟 살에 런던의 남부 캔싱턴에 있는 과학 학교(School of Science)에서 생물학을 배울 수 있는 장학생 자격을 얻었다. 이 학교에는 다윈의 진화론을 옹호한 유명한 생물학자 T. H. 헉슬리가 있었다. 웰스는 헉슬리를 통해서 진화론을 알게 됐다. 그가 나중에 공상 과학 소설을 쓰게 된 것도 이처럼 과학적인 지식에 바탕을 둔 상상력 때문이었다.

1888년 런던 대학을 졸업한 웰스는 과학 교사로 지내면서 계속

연구를 진행했다. 과학 저널을 창간하고 논문도 발표하면서 저널리스트로서 명성을 얻게 된 웰스는 1895년 첫 번째 소설인 《타임머신》을 발표해 큰 인기를 얻었다. 이어서 발표한 《투명인간》, 《우주전쟁》 등도 큰 관심을 모았다. 그는 공상 과학 소설뿐 아니라 정치, 기술, 미래에 대한 날카로운 비평서를 잇달아 출간하기도 했다. 그의 사회 비평은 당시 점진적 사회주의 실현을 목표로 활동하던 페이비언 협회의 세 지도자, 즉 조지 버나드 쇼, 시드니 웹, 베아트리스 웹의 주목을 받았다.

세 사람의 권유로 웰스는 1903년 페이비언 협회에 가입하게 된다. 이 시기 《현대 유토피아》, 《구세계를 대신하는 신세계》, 《최초의 것과 최후의 것》 등의 저작은 웰스의 사회주의 사상을 보여 주고 있다. 20세기 초 영국의 사회주의 조직 가운데 하나였던 페이비언 협회는 웰스가 보기에 심약한 지식인들이 모여 앉아 사회주의 개혁을 토론하는 소그룹 정도에 불과했다. 이에 만족할 수 없었던 웰스는 협회가 변혁을 선동하는 실천적인 조직으로 바뀌어야 한다는 생각을 갖게 됐다.

하지만 이를 반대하는 조지 버나드 쇼 등 협회의 지도부와 자주 마찰을 빚게 되자 웰스는 협회에서 영향력을 발휘하기 위해 집행위원 선거에 출마했지만 많은 지지를 얻지 못하고 낙선했다. 결국 웰스는 1908년 페이비언 협회를 떠났으나 사회주의를 향한 그의 투쟁은 이후에도 계속되었다. 1917년 러시아에서 성공한 혁명에 열광적인 지지를 보냈던 웰스는 소련에 들어가 레닌과 트로츠키를 상대로 국가 경영에 대해 강의를 하기도 했다.

_ 과학 기술 발전이 부를 전쟁 가능성 예고

제1차 세계 대전을 거치며 웰스는 진보는 저절로 이뤄지는 것이 아니며 인류의 진보를 위해서는 민중을 교육시키는 것이 최우선이라는 생각을 강하게 갖게 됐다. 그래서 《역사의 개설》, 《세계사 개설》, 《생명의 과학(The Science of Life)》, 《인류의 노동, 부 그리고 행복(The Work, Wealth and Happiness of Mankind)》 등의 책을 쓰며 민중을 교육하기 위한 노력을 기울였다. 이들 작품에서 그는 세계라는 공동 사회가 역사적, 생물학적, 경제학적으로 단일한 것이므로 사회학, 경제학, 인류학, 고고학, 생물학, 지질학 등 기타 여러 학문에 걸쳐 인류 전체가 이룩해 낸 성과를 집대성하여 인간 중심적인 종합 과학을 이루려고 했다.

특히 1922년에 쓴 《세계사 개설》은 당시 영국 민중들에게 널리 읽혔는데 그는 이 역사책을 집필하면서 역사 시대보다 훨씬 이전의 우주 발생으로부터 시작해 인류가 나타나기 이전 시대에 많은 지면을 할애했다. 이는 수많은 생물 종 가운데 하나의 종으로서 인류를 바라보고 인종적인 편견이나 국가주의를 배격해 종합적인 인류사 서술을 모색하고자 한 것이다.

1920~1930년대에 웰스는 세계에서 가장 영향력 있는 사상가로 여겨지고 있었으며 유럽과 미국의 언론사에서 가장 중요시하는 칼럼니스트 가운데 한 사람이었다. 웰스가 당시 책이나 칼럼을 통해 주장했던 것은 '세계정부의 필요성'이었다. 제1차 세계 대전으로 인한 고통을 지켜본 웰스는 국제 연맹(League of Nations)의 창설을 지지하고 지식인들이 권력을 획득해야 한다고 강하게 주장했다. 이런 주장으로 인해 웰스는 몇몇 사회주의자들에 의해 엘리트주의 자라는 비난을 받기도 했다.

웰스의 작품은 미래에 대한 비관적인 전망을 내놓은 것이 대부분이지만 이는 공상 과학 소설을 이용해 사회의 모순을 드러내면서, 자본주의가 지속될 경우 계급 간의 차이가 더욱더 극명해져 어두운 미래가 올지도 모른다는 경고를 한 것으로 이해되고 있다. 2차 대전 당시에도 웰스는 미래 세계에 대한 경고를 계속하나 전쟁이 끝난 뒤인 1946년 8월 13일 사망했다.

웰스는 '예언자'로도 알려져 있는데 그는 탱크나 원자 폭탄이 만들어지기 훨씬 전에 그것들이 전쟁에 이용될 것임을 얘기했고 라이트 형제가 비행 시험에 성공한 지 얼마 지나지 않아 비행기를 이용한 폭탄과 가스의 살포를 예언하기도 했다. 진정한 세계인의 관점에서 인류의 과거를 연구하고, 과학적 상상력으로 미래의 세계를 예측한 작가 웰스는 현실에서는 인류가 실현해야 할 사상으로서의 사회주의를 위해 노력한 사회주의자였다. _윤재설

●● 허버트 조지 웰스 Herbert George Wells, 1866~1946

공상 과학 소설로 유명한 영국의 소설가이자 문명 비평가. 런던의 이과 사범학교를 졸업하고 교사로 재직했고 1903년 페이비언 협회에 가입했으나 5년 뒤 탈퇴했다. 자연과학적인 지식과 상상력을 결합한 《타임머신》(1895), 《투명인간》(1897) 등의 공상 과학 소설을 비롯해 원자 폭탄을 예언한 《우주 전쟁》(1898), 예언 소설 《닥쳐올 세계(The Shape of Things to Come)》(1933) 등의 소설을 썼다. 《생명의 과학》(1929~1931), 《인류의 노동과 부와 행복》(1932) 등은 그의 사상과 의식을 담고 있다. 소설 《타임머신》은 1960년에 조지 펄 감독에 의해, 2002년에는 그의 증손자인 사이먼 웰스 감독에 의해 영화로 만들어졌다.

10 미셸 푸코_
우리를 혹사하는 체제를 전복하자

Michel Paul Foucault

_ 정신 분석학과 프로이트에 깊은 관심

혹자는 프랑스 철학이 19세기까지 서양 철학을 주도했던 독일을 누르고 인기를 얻게 된 이유를 프랑스 철학자들의 '실천'에 두기도 한다. 내용으로 봐서는 난해하기 이를 데 없지만 사르트르나 푸코가 인기를 누리게 된 것은 그들이 자신의 이론을 사회 운동의 실천을 통해 대중화하는 데 힘썼기 때문이라는 것이다. 20세기 프랑스의 대표 지식인 사르트르는 소설이나 연극, 에세이와 언론 매체 기고 등을 통해 자신의 생각을 전파했고 베트남전에 반대하는 시위에 동참했다. 푸코가 《감시와 처벌》 집필을 전후해 감옥의 현황을 조사하고 수감자들의 권리를 보호하기 위해 감옥 정보 그룹(GIP), 수형자 행동 위원회(CAP), 수감자 권리 옹호 연합(ADDD), 수용소 정보 그룹(GIA) 등의 조직을 직접 만들거나 가담한 것도 같은 맥락이다.

구조주의 철학자 미셸 푸코는 지방 도시 푸아티에에서 1926년 폴-미셸 푸코라는 이름으로 태어났다. 푸코의 할아버지와 아버지는 모두 외과 의사였다. 푸코의 아버지는 푸코 역시 의사가 되기를 바랐지만 그는 열일곱 살 때 결코 의사가 되지 않겠다고 선언했다. 푸코는 네 살에 앙리4세 고교 유치부에 들어갔다. 학교에 가기에는 아직 어린 나이였지만 누나와 떨어지기 싫어 떼를 썼기 때문이다. 2년 동안 교실 뒤편에서 연필을 쥐고 앉아 가끔 선생님 말씀을 들으며 놀기만 했다. 생-스타니슬라스 중학교에 다닐 무렵인 그의 나이 열세 살 때 제2차 세계 대전이 일어났고 푸아티에는 곧 독일군에 점령됐다. 푸코는 학교 난방을 위해 동기들과 함께 나치군 부대에서 장작을 훔쳐오기도 했다.

푸코는 푸아티에 고교, 파리의 앙리4세 고교 등으로 옮겨 다니다 1946년 7월 파리의 명문 고등사범 입학시험에서 4등으로 합격했다. 하지만 푸코의 대학 시절은 그다지 순탄하지 않았다. 그는 이 시절 자신이 동성애자임을 깨닫게 되는데 이로 인해 점점 의기소침해진 것이다. 푸코는 점차 동료들과 잘 어울리지 못했고 마침내 자살을 시도했다. 푸코는 이후 주위 사람들에게 자신이 게이(남성 동성애자)라는 것을 공공연하게 밝혔지만 커밍아웃을 하지는 않았으며 조용히 게이 운동에 동참했다. 1984년 그가 죽었을 때 가족들은 그가 에이즈 환자임을 부인했다.

푸코는 아버지의 손에 이끌려 찾아간 정신과 의사에게 동성에 대한 성적 관심을 털어놓았지만 당시만 해도 정신과 의사들은 동성애를 심각한 질병으로 취급했던 때라 푸코의 우울증은 치료될 수 없었다. 하지만 이 경험은 이후 그의 연구 활동에 큰 영향을 끼치게 됐다. 당시 치료 과정에서 푸코는 정신과 의사들이 정신병자들을 단순히 치료하는 일 이상의 일을 하고 있다는 느낌을 받았다. 즉 그들은 사회 안에서 한 인간이 무엇을 해야 되고 무엇을 해서는 안 되는지 정하는 '정신적 경찰관'이 아닐까 하는 느낌을 받은 것이다.

푸코는 정신 분석학에 대해 관심을 갖게 됐고 혼자 프로이트를 읽으며 공부를 했다. 당시 고등사범의 교수들은 학생들을 파리의 정신병원에 데리고 가 환자들을 직접 보여 주었고 매년 한 주일은 오를레앙 근처의 다른 정신과 병원에서 의사의 치료 과정을 견학시켰다. 이 과정을 통해 푸코는 정신 분석학의 기초를 튼튼히 다졌다.

_공산당 가입과 해외에서의 학문 연구

1955년에 푸코는 불어 선생 자리를 하나 얻어 스웨덴의 웁살라로 갔다. 거기서 그는 16세기에서 20세기 사이의 의학 자료들을 모아 놓은 거대한 도서관을 접하고 몇 년간 이 도서관에 살다시피 하면서 연구를 했는데, 이것은 나중에 《광기와 정신착란》, 《진료소의 탄생》의 집필로 결실을 맺었다.

스웨덴에 가기 전에 그는 1950년 프랑스 공산당에 가입했다. 전후 프랑스 전역에 몰아닥친 격렬한 파업 물결 속에서 프랑스의 대다수 지식인들은 노동자의 편에 섰고 공산당은 25퍼센트대의 지지를 얻을 정도로 힘 있는 정당이었다. 하지만 푸코는 스탈린이 사망한 이후 1953년 당을 떠났다. 프랑스 지식인들이 소련에서 일어났던 일들을 문제 삼기 시작하던 시기였다.

이후 푸코는 사회 정치적 이슈와 멀어진 채 학문 연구에만 몰두했다. 게다가 푸코는 스웨덴, 폴란드, 독일 등지에서 교수직을 맡아 프랑스를 떠나 있는 기간이 길었다. 1960년 프랑스로 돌아온 그는 클레르몽-페랑 대학에서 철학과 심리학을 가르쳤고 1966년에 다시 프랑스를 떠나 튀니지로 옮겨갔다. 이곳에서 그는 1968년을 맞이하게 됐다.

그는 파리의 격렬한 학생 운동 현장에는 없었지만, 튀니지 역시 학생 운동의 열기에 휩싸여 있었다. 좌파 학생들은 튀니지를 가능한 한 빨리 근대화시키려는 친미 정권에 대항해 연일 격렬한 시위를 벌였다. 이 과정에서 체포된 학생들은 체포되어 중형을 선고받았다. 푸코가 가르치던 제자들도 몇 명 투옥됐다. 그는 쫓기는 학생들을 자기 아파트에 숨겨 경찰에 체포되지 않도록 도와주기도 했다.

_인권과 반체제 운동에 힘쓰다

1968년 말 서둘러 프랑스로 되돌아온 푸코는 본격적인 정치적 행동에 돌입했다. 새로 생긴 뱅센느 실험대학의 철학과장을 맡게 된 푸코는 급진적인 철학자들을 모으고 좌익 학생들과 행동을 함께 했으며 이주 노동자들의 인권 문제를 비롯해 에스파냐, 이란, 폴란드 등의 정치 문제에 일일이 개입하는 등 실천하는 지식인의 모습을 보여줬다. 특히 수감자들의 인권에 각별한 관심을 쏟은 푸코는 1971년과 1972년에 감옥 안에서 일어난 일련의 폭동을 계기로 수감자들이 감옥의 극도로 가혹한 생활 조건을 책으로 쓰는 것을 도와주었다. 이때부터 푸코는 감옥의 역사를 연구하는 데 심혈을 기울였다. 1975년에 발간한 《감시와 처벌》은 처벌의 형식으로서 감옥의 기원을 연구한 결과물이다.

푸코는 프랑스 최고의 지성으로 여겨지는 콜레주 드 프랑스 교수로 임명된 이후에도 공개강좌를 통해 반체제 운동에 힘을 쏟았다. 전 세대인 사르트르가 중요한 정치적·도덕적 이슈에 대해 자신의 철학을 적용했던 것과는 달리 푸코는 지식인 자신이 관심의 초점이 되는 것을 못마땅하게 생각했다. 그는 자신의 명성이 기자와 TV 카메라의 시선을 감옥으로 이끌 수 있다는 것을 알고 있었지만 일단 언론의 시선이 감옥으로 돌려지고 나면 입을 다물었다.

사르트르는 스스로를 마르크스주의자라고 규정했다. 실존주의 철학과는 다르지만 구조주의 사상가들도 대부분 마르크스주의를 받아들이는 경우가 많았지만 푸코는 마르크스에 대해 비판적인 입장을 취해 왔다. 이는 권력에 대한 그의 연구 속에서 드러나고 있는데 푸코는 국가 권력을 투쟁의 주요한 대상으로 삼는 마르크스적 시각에 대해 회의적인 태도를 가졌다.

푸코는 사회 곳곳에서 미시 권력이 작동하고 있다는 점을 실증적으로 제시했다. 즉 권력은 단지 정치권력뿐 아니라 넓은 의미에서 힘의 관계를 뜻한다는 것이다. 이러한 권력은 인간들의 모든 관계 속에 내재돼 있으며 권력 관계는 마치 모세 혈관과 같이 사회 구석구석에까지 망을 형성하고 있다. 이것이 바로 푸코가 말하는 미시 권력이다.

푸코를 비판하는 쪽에서는 그의 권력 분석이 그 어떤 정치적 행동의 가능성도 부인하는 막다른 골목이라고 지적한다. 하지만 푸코는 정치적 저항은 당위라고 주장한다. 권력 관계는 저항을 통해 변화되기 마련이라는 얘기다. 푸코의 권력 이론은 구조주의 및 후기 구조주의 이론, 페미니즘, 이탈리아 자율주의 운동 등에 다각도로 영향을 끼쳤다. 1968년 이후의 사회를 분석하면서 푸코가 규정한 자신의 과제는 그의 실천적 지향을 잘 보여 주고 있다.

"우리는 우리를 조용히 혹사하는 체제를 웃음거리로 만들고, 실체를 폭로하고, 그것을 변화시키고, 전복시켜야 한다. 내가 저술 작업에서 할 일도 바로 그런 것이다."

_윤재설

●● 미셸 푸코 Michel Paul Foucault, 1926~1984

구조주의를 대표하는 프랑스의 철학자. 대학에서 철학을 전공한 후 정신의학에 흥미를 가지고 연구했다. 파리 대학교 반센 분교와 콜레주 드 프랑스 교수를 역임했다. 정신의학의 역사를 연구한 《광기와 비이성—고전시대에서의 광기의 역사》(1961), 《임상의학의 탄생》(1963) 등을 썼다. 《언어와 사물》(1966), 《앎의 고고학》(1969)에서는 무의식적인 심적 구조와 사회구조, 그리고 언어구조가 일체를 결정하며, 주체로서의 인간이라든가, 자아라고 하는 관념은 허망이라고 하는 반인간주의적 사상을 전개하였는데, 이것이 구조주의 유행의 계기가 되었다. 그 밖에 '감옥의 탄생'이란 부제가 붙은 《감시와 처벌》(1975), 《광기와 문화》(1962) 등의 저서가 있다.

11 파블로 네루다_

서정시보다 진한 사랑으로 싸운 시인

Pablo Neruda

_ 칠레인들 가슴 속에 살아 있는 신화적 시인

칠레 사람 치고 그의 연애시 하나 못 외우는 사람 없다는 시인 파블로 네루다. 세상을 떠난 지 30년이 지난 지금까지도 네루다는 칠레인들의 가슴 속에 살아 있는 신화적인 인물이다. 시인이자 정치인이자 외교관이었던 네루다의 삶은 격정의 연속이었다. 그는 에스파냐에서 공화파를 지지하다 외교관직을 박탈당했고, 공화파 난민들을 낡은 어선에 실어 칠레로 수송해 그들의 생명을 구하기도 했다. 도피와 망명 생활은 끊이지 않았고, 특히 말을 타고 안데스 산맥을 넘어 아르헨티나로 죽음을 무릅쓴 탈출을 감행한 일은 유명하다.

그의 시집 《스무 편의 사랑의 시와 한 편의 절망의 노래(Veinte poemas de amor y una canción desesperada)》는 칠레뿐 아니라 세계적으로 애송되는 서정시집이기도 하다. 그는 "잉크보다 피에 더 가까운"(가르시아 로르카) 시인이었고 "모든 언어권을 통틀어 20세기의 가장 위대한 시인"(가르시아 마르케스)으로 불렸다.

네루다는 칠레 중부의 포도주 산지 파랄에서 1904년 7월 12일 철도 노동자인 아버지 호세 델 카르멘 레예스 모랄레스와 교사인 어머니 로사 네프탈리 바소알토 오파소 사이에서 태어났다. 본명은 리카르도 엘리에세르 네프탈리 레예스 바소알토.

그의 시적 재능은 초등학교 시절부터 드러나기 시작했다. 열 살

때부터 시를 쓰기 시작한 그는 열네 살이 된 1918년《질주와 비상》지에 처음으로〈나의 눈〉을 발표하고 1920년에는 체코의 시인 얀 네루다의 이름을 따 파블로 네루다라는 필명을 사용하기 시작했다. 1923년에는 첫 시집《황혼의 노래》를 출간하고 이듬해에는 그의 대표적 시집인《스무 편의 사랑의 시와 한 편의 절망의 노래》를 출간했다. 그의 나이 스무 살 때였다.

산티아고의 칠레 대학교에서 프랑스어와 교육학을 공부한 네루다는 1927년부터 미얀마, 스리랑카, 자바, 싱가포르, 부에노스아이레스, 바르셀로나, 마드리드에서 명예 영사로 근무하게 된다. 1936년 에스파냐 내란이 일어났을 때 그는 마드리드 주재 영사로 있었다. 가르시아 로르카를 비롯한 에스파냐 시인들과 친분을 쌓던 중 발생한 에스파냐 내란과 프랑코 군부에 의한 로르카의 처형은 그의 시 세계를 양분하는 기점이 됐다.

"나는 마드리드에서 생애의 가장 중대한 시기를 보냈다. 우리들은 모두 파시즘에 저항하는 위대한 레지스탕스에 빨려들어 갔다. 그것이 에스파냐 전쟁이었다. 이 체험은 나에게 체험 이상의 깃이었다. 에스파냐 전쟁이 터지기 전에 나는 많은 공화파 시인들을 알고 있었다. 공화국은 에스파냐에서 문화·문학·예술의 르네상스였다. 페데리코 가르시아 로르카는 이 에스파냐 역사에서 가장 빛

나는 정치적 세대의 상징이었다. 이들 인간을 물리적으로 파괴하는 것은 나에게 있어서 무시무시한 드라마였다. 이리하여 나의 낡은 생활은 마드리드에서 끝났다."

_ 외교관 거쳐 공산당 의원으로 본격 정치 활동

공화주의 운동에 동참한 네루다는 본국 정부에 의해 정치적 개입을 이유로 파면 당했다. 하지만 그는 페루의 시인 세사르 바예흐와 함께 중남미 에스파냐 지원단을 결성하고 프랑코 군부에 맞선 투쟁을 전개했다. 네루다의 시는 에스파냐 내란을 거치면서 《지상의 거처》에서 보여 준 초현실주의에서 벗어나 현실 지향적으로 바뀌었다. 그는 더는 "흐르는 시간이나 물을 노래하고 창백한 죽음의 모습과 그 설움을 노래할" 수 없었다. 대신 네루다는 광부와 노동자, 어부와 기관사가 "이것은 동지의 시다"라고 말할 수 있고 "공장이나 탄광 밖에서도 대지에 뿌리를 내려 대기와 일체가 되고 학대받은 사람들의 승리와 결합(《커다란 기쁨》 중)" 되는 시를 쓰기로 결심했다.

1938년 칠레에서 인민전선 후보 아기레 세르다가 대통령에 당선되면서 네루다의 외교관 생활이 다시 시작됐다. 1939년 파리 주재 영사에 이어 이듬해 멕시코 주재 총영사로 임명된 네루다는 멕시코에서 디에고 리베라 등 당시 혁명적 벽화 운동을 벌이던 화가들과 우정을 쌓았다.

멕시코에서 돌아온 네루다는 국내에서 본격적인 정치 활동을 시작했다. 그는 1945년 칠레 북부의 탄광 지대에서 칠레 공산당의 추천을 받아 상원 의원에 당선되고 바로 공산당에 입당했다. 1946년 대통령 선거에서 네루다는 공산당 등 칠레 좌파 진영의 지지를 받던 가브리엘 곤잘레스 비델라 후보의 선전 책임자로 일했다. 하지만 비델라는 대통령에 당선되자 자신을 지지한 노동자들을 배신하고 공산당을 불법화했다. 당시 남미의 사회주의 확산을 막기 위해 미국이 압력을 넣은 결과다.

이에 네루다는 1948년 1월 상원에서 '나는 고발한다(Yo acuso)'라는 제목의 연설로 비델라 대통령의 배신을 폭로했다. 결국 네루다는 의원직을 박탈당했고 검거령을 피해 도피 생활을 시작했다. 안데스 산맥을 넘어 칠레를 탈출해 프랑스, 멕시코, 이탈리아 등지에서 망명 생활을 한 네루다는 소련에서의 망명 생활 중 "오 칠레여 바다와 포도주와 / 눈으로 덮인 길고 가늘한 꽃잎이여 / … / 아 언제 다시 그대를 만날 수 있을까(〈아 언제 아 언제 언제〉 중)"라며 조국을 그리워하고 "불쌍한 공화국이여 그대는 / 비델라 도적떼들에게 채찍으로 매를 두드려 맞고 / 순경들한테 뺨을 얻어맞고 / 혼자서 으르렁대며 길을 걷는 암캐 같다 / 곤잘레스화된 가련한 국민이여(〈도망자〉중)"라며 칠레의 운명을 안타까워했다.

안토니오 스카르메타의 소설 《불타는 인내》(국내에는 《네루다의 우편배달부》로 소개됐다)를 원작으로 한 마이클 래드포드의 영화 〈일 포스티노(Il Postino)〉는 그가 이탈리아 나폴리에 망명해 있던 1952년을 배경으로 만들어진 것이다. 그해 검거령이 철회되자 네루다는 다시 칠레로 돌아와 태평양 연안의 이슬라네그라에 정착해 작품 활동과 정치 활동에 전념했다.

_ 사회당의 아옌데와 대통령 후보 단일화

칠레에서 좌파 운동이 다시 활기를 띠기 시작한 1969년 네루다는 칠레 공산당의 대통령 후보에 지명됐다. 하지만 사회당, 공산당을 비롯한 칠레의 좌파 진영이 인민 연합을 구성해 대통령 선거에 공동으로 대응하기로 하자 네루다는 입후보를 철회하고 사회당의 살바도르 아옌데로의 후보 단일화를 성사시켰다. 이로써 1970년 칠레에서 세계 최초로 선거를 통한 사회주의 정권이 수립됐다.

아옌데 집권 시절 파리 주재 대사로 임명된 네루다는 1971년 노벨 문학상을 수상했다. 이듬해 지병이 악화돼 대사직을 사임하고 귀국한 네루다는 1973년 9월 11일 자택에서 아우구스토 피노체트 장군의 쿠데타 소식을 접했다. 아옌데 대통령이 모네다 대통령궁

에서 장렬한 최후를 맞이했다는 소식을 들은 후 네루다의 병세는
급격히 악화됐고 결국 쿠데타가 일어난 지 12일 만인 9월 23일 산
티아고의 한 병원에서 예순아홉 살을 일기로 사망했다. 그의 장례
식은 군부의 민주주의 압살에 숨죽여 분노하던 칠레 민중들이 벌인
쿠데타 이후 최초의 대규모 집회가 됐다.

당대 최고의 서정 시인에서 노동자, 농민의 희망을 노래하는 혁
명 시인으로, 그리고 여기에 그치지 않고 현실 정치에 뛰어들어 희
망을 실현하는 좌파 정치인으로 살다간 네루다. 그는 한편으로는
스탈린주의의 지지자였으면서 다른 한편으로는 가장 정열적인 휴
머니스트였다. 그의 탄생 백 주년을 맞은 2004년 칠레에서 네루다
는 분열된 국가의 통합을 상징하는 인물로 다시 부상했고 전 세계
적으로 대대적인 기념행사가 벌어지는 등 네루다의 삶과 작품 세계
가 다시 한 번 집중적인 조명을 받았다. 그가 한 가장 힘찬 연설 중
하나였던 노벨상 수상 연설에서 네루다는 시인의 사명에 대해 이렇
게 말했다.

"모든 민중의 일상적 노동에 바치는 자신의 헌신과 애징, 지기
몫의 참여를 한 사람 한 사람 모든 인간의 손에 건네려 하는 이 끝
없는 투쟁에 시인이 동참하고자 한다면, 그때 그는 땀과 빵과 포도
주와 모든 인간의 꿈에 참여하지 않으면 안 됩니다. (…) 내 시 한

편 한 편은 유용한 노동의 수단이 되기를 요구했으며, 나의 노래 하나하나는 서로 교차하는 두 길의 만남을 위한 표지로 내걸리기를 갈구했고, 혹은 어느 누군가가, 다른 이들이, 다음 세대에 올 사람들이 새로운 표지들을 새겨 넣을 돌 조각 하나, 나무 조각 하나가 되기를 열망해 왔습니다."

_윤재설

나의 당에게

그대 덕분에 나는
낯선 사람들과 형제가 되었다

그대 덕분에 나는
살아 뻗어가는 모든 세력에 가담했다

그대 덕분에 나는
다시 태어나 조국을 되찾았다

그대는 나에게 주었다
외로운 사람들이 알지 못한 자유를

그대는 나에게 가르쳐 주었다
친절이 불처럼 타오르는 것을

그대는 똑바로 서게 해 주었다
똑바로 뻗어가는 나무처럼

그대 덕분에 나는 배웠다
사람들 사이의 일치점과 상위점을 분별하는 기술을

그대 덕분에 나는 알았다 한 사람의 고통이
어떻게 하여 만인의 승리 속에서 사라지는가를

그대 덕분에 나는 배웠다
형제들의 딱딱한 침대에서 자는 기술을

그대는 현실 위에 나를 붙박아 주었다
꿋꿋하게 바위 위에 서 있는 것처럼

그대 덕분에 나는 악당들의 적이 되고
분노한 사람들을 지켜주는 벽이 되었다

그대는 내가 보도록 해 주었다
빛으로 가득찬 밝은 세계와 커져가는 기쁨을

그대는 내가 사멸하지 않도록 해 주었다
왜냐하면 그대 속에서 나는 이미 나 혼자만으로 끝나는 것이 아니기
때문에.

(김남주 옮김)

●● 파블로 네루다 Pablo Neruda, 1904~1973

칠레의 시인. 어려서부터 문학에 재능이 있어 열세 살에 일간지에 글을 쓰기도 했다. 칠레 대학에 다니던 1921년에 〈제가(祭歌)〉라는 시로 칠레 학생 연맹 주최 백일장에서 1등을 했다. 1924년에 발표한《스무 편의 사랑의 시와 한 편의 절망의 노래》는 나오자마자 성공을 거두고 그 뒤로도 꾸준한 인기를 얻으며 널리 읽혔다. 1927년 미얀마 양곤을 시작으로 여러 나라에서 외교관 생활을 하다 1943년 귀국해 공산당 소속으로 상원 의원을 지냈으나 우익 정부가 들어선 후 다시 유럽의 여러 나라를 전전했다. 1970년에 집권한 살바도르 아옌데 정권은 그를 프랑스 대사(1970~1972)로 임명한다. 초기 시집《스무 편의 사랑의 시와 한 편의 절망의 노래》에서 관능적 표현의 서정시를 주로 썼다가 그 후 초현실주의 기법의 시들을 썼으며, 에스파냐 내전에 참가한 것을 계기로 현실 참여적인 시들을 썼다. 평생 40여 권의 시집을 냈으며 1971년에 노벨 문학상을 받았다. 그가 이탈리아 망명 시절 외딴섬의 우편배달부와 나눈 소박한 우정과 사랑을 담은 영화 〈일 포스티노〉가 1994년 개봉되었다.

회화는 장식품이나
심심풀이가 아니다

Pablo Ruiz y Picasso

_그림을 통한 파시즘 반대와 자유 옹호

이스라엘 군의 총격을 피해 아버지 뒤에 잔뜩 웅크리고 숨은 열두 살 팔레스타인 소년의 두 눈에 비친 극도의 공포심. 이라크에, 아프가니스탄에 연일 쏟아지는 미군의 폭탄. 그리고 여기저기 널브러져 있는 희생자의 시신들…. 21세기 지구촌에서 목격할 수 있는 이 서글픈 광경들을 만약 피카소가 봤다면 어떤 그림을 그렸을까. 20세기의 가장 위대하고 비극적인 그림이라 불리고 있는 〈게르니카〉(1937)의 작가 파블로 피카소라면 전쟁을 양산하는 광기 어린 비이성을 통렬하게 꾸짖고 전 세계 민중들에게 반전 평화 투쟁을 선동할 역작을 다시 한 번 그려낼 수 있지 않을까.

"회화는 아파트를 장식하기 위해 만들어진 것이 아니다. 그것은 적과 대항하는 공격적이고 방어적인 전쟁의 도구이다." 이렇게 선언했던 피카소이기에, 1973년 숨을 거두기 전까지 30년 동안 프랑스 공산당의 당원이었던 피카소이기에 이런 상상은 얼마든지 가능하다.

1936년 인민전선 정부를 무너뜨리기 위해 프랑코 장군 중심의 반란군이 벌인 에스파냐 내란은 사실상 유럽 사회에서 파시즘의 득세를 예견케 하는 징조였다. 당시 에스파냐 노동자들은 인민전선 정부를 지키기 위해 시민군을 결성해 프랑코 반란군에 맞섰고 유럽 각지의 사회주의자들은 시민군에 결합하기 위해 에스파냐 국경을 넘었다.

1881년 에스파냐 말라가에서 태어나 화가로서 천재적인 능력을 보이며 전 세계에 명성을 떨치기 시작한 피카소는 평소 자유를 적극적으로 옹호해 왔다. 1936년 인민전선 정부가 출범하고 피카소를 프라도 박물관의 관장으로 임명했을 때 그는 이 직책을 즉각 수락했다. 1900년 프랑스 파리에 첫 발을 내딛은 이후 주로 프랑스에서 활동했던 피카소는 조국 에스파냐에서 위협받고 있는 민중의 자유를 옹호하며 〈프랑코의 꿈과 거짓말〉 등을 통해 파시스트에 반대하는 작품 활동을 펼쳤다.

1937년 프랑코 파를 지원하는 나치 독일의 폭격기들이 바스크 지방의 소도시 게르니카를 공격한 것을 소재로 피카소는 프랑스 정부 주최의 전시회에서 폭탄에 놀라 부릅뜬 눈동자와 전쟁의 공포, 민중의 분노와 슬픔을 표현한 벽화 〈게르니카〉를 출품했다. 〈게르니카〉를 그릴 때 피카소는 이렇게 말했다. "지금 현재 내가 그리고 있는, 장차 〈게르니카〉라 불리게 될 이 작품과 최근의 다른 작품들 속에서 나는 에스파냐를 고통과 죽음의 피바다 속으로 몰아넣었던 군부 정치에 대한 증오를 명백히 표현했다."

〈게르니카〉뿐 아니라 많은 작품을 통해 파시즘이라는 적에 대한 증오를 표현하며 대항했던 피카소는 파시스트들에게 눈엣가시와 같은 존재였다. 나치 독일의 프랑스 점령 시절의 어느 날 나치

장교가 그의 집을 수색하러 와서 〈게르니카〉의 사진을 보고 피카소에게 "이것을 그린 사람이 당신이냐"고 물었을 때 피카소의 대답은 간단했다. "아니오, 바로 당신들이오!"

_공산당 가입은 인생의 논리적 귀결

제2차 세계 대전 기간 동안 프랑스의 레지스탕스 투사들과 교유하던 피카소는 독일군이 물러간 1944년 프랑스 공산당에 입당한다. 그는 뉴욕에서 발간되는 《신대중(New Masses)》지와의 인터뷰에서 자신이 공산당에 가입하게 된 이유를 설명했다.

"그건 내 인생과 작품 전반의 논리적인 귀결입니다. 나는 지금껏 유배 상태였지만 이제 더는 아닙니다. 내 조국 에스파냐에서처럼 프랑스에서, 소련에서 공산주의자들이 가장 용맹하기 때문에 나는 공산당원이 된 것입니다. 에스파냐가 나를 다시 반갑게 맞이할 수 있을 때까지 프랑스 공산당은 나의 조국입니다. 그리고 난 당 안에서 위대한 과학자와 시인들, 그리고 지난 8월에 내가 본 파리 투사들의 그 아름다운 얼굴들을 발견할 수 있었습니다. 나는 다시 내 형제들의 품에 안기게 된 것입니다."

1944년 8월 해방을 위한 전투가 벌어지고 있는 파리 중심부에 살고 있던 피카소는 목숨을 걸고 파시즘과 맞서 싸웠던 파리의 사회주의자들과 물리학자 폴 랑주뱅, 시인 폴 엘뤼아르, 루이 아라공 등을 비롯한 당대의 지성인들과 마찬가지로 자연스럽게 공산당에 입당한 것이다. 프랑스 공산당 기관지 《뤼마니테》가 1944년 10월 5일자 1면에 파블로 피카소의 입당 소식을 전하자 이 소식은 세계적으로 커다란 반향을 불러일으켰다.

이미 1900년대 초 그의 나이 20대 때부터 세계적인 명성을 떨쳐온 당대 최고의 화가 피카소가 당시 예순셋의 나이로 공산당에 입당한 것에 대해 많은 사람들은 단지 지나가는 일 정도로 폄하하거나 그의 작품 활동에 별다른 영향을 미치지 않을 것으로 봤다. 실제 많은 미술평론가들이 공산당 가입 후 피카소의 작품이 공산당과는 아무 관련이 없었다는 식으로 해석하고 있지만 피카소는 1973년 아흔둘의 나이로 숨을 거두기까지 30년 동안 프랑스 공산당의 공식 행사에 참가하는 한편 재정적 지원도 아끼지 않으며 열성적인 당원으로 활동했다. 물론 프랑스 공산당이 그의 작품 활동에 이의를 제기하곤 했지만 그는 끝까지 충직한 당원으로 남아 있었다.

1951년 조국 에스파냐에서 벌어졌던 내전을 상기시키는 한국 전쟁의 참혹한 소식을 접하고 〈한국에서의 학살〉을 통해 다시 한 번 전쟁을 고발했던 피카소는 노년에도 왕성한 작품 활동을 펼치다 1973년 남프랑스 무쟁의 별장에서 숨을 거뒀다. 공산당에 가입하기 전부터 작품을 통한 동참과 '정신적인 가입'을 했던 파블로 피카소. "단 한 번도 그림을 단순한 장식이나 심심풀이적인 예술이라고 생각해 본 적이 없다"던 그는 "경악스러운 억압의 세월 속에서 예술을 통해서뿐만 아니라 인간성 전체로써 투쟁해야 함"을 깨달은 20세기 최고의 예술가였다.

_윤재설

●● 파블로 피카소 Pablo Ruiz y Picasso, 1881~1973

20세기 회화의 거장으로 불리는 에스파냐 출신의 프랑스 화가. 열네 살에 미술학교에 들어가 미술 공부를 시작했고 초기에는 르누아르, 툴루즈, 뭉크, 고갱, 고흐 등 거장들의 영향을 받았다. 1897년 마드리드의 왕립 미술학교에 들어갔으며 1900년 처음으로 파리를 방문한 이래 젊은 보헤미안 무리와 어울리며 하층 계급 사람들의 모습을 많이 그렸다. 1904년부터 몽마르트르에 머물렀으며, G.브라크와 함께 1909년에는 분석적 입체파, 1912년부터는 종합적 입체파 시대에 들어갔다. 그는 종합적 입체파 수법을 1923년경까지 계속하면서 여러 가지 수법을 순차적으로 전개하였다. 1936년 에스파냐 내란 때 인민전선을 지지하고 제2차 세계 대전 때는 파리의 레지스탕스들과 교유했으며 종전 후 프랑스 공산당에 입당했다. 그림뿐 아니라 도기와 조각, 석판화 제작에서도 새로운 수법을 창조했다. 주요 작품으로 〈게르니카〉(1937), 〈아비뇽의 아가씨들〉(1907) 등이 있으며, 〈한국에서의 학살〉(1951), 〈전쟁과 평화〉(1952)는 한국 전쟁을 테마로 한 작품이다.

13 존 스타인벡 _

미국 노동자 계급의
영원한 벗

John Ernst Steinbeck

_ 직접 체험한 빈민의 삶을 묘사한 작가

《분노의 포도(The Grapes of Wrath)》, 《에덴의 동쪽(East of Eden)》 등으로 20세기 미국 현대 문학의 거대한 산맥으로 불리고 있는 존 스타인벡. 그는 평생 동안 생동감 넘치는 문장으로 빈민과 노동자의 삶을 그려 많은 사랑을 받았다. 《승산 없는 싸움(In Dubious Battle)》에서 그는 파업을 조직하는 공산주의자들을 객관적으로 묘사했고 《분노의 포도》에서는 경제 대공황 시기 농업 기계화에 밀려 서부로 향하는 조드 일가의 가난과 분노를 전하며 미국 사회의 구조적 모순을 고발했다.

스타인벡은 1902년 2월 27일 미국 캘리포니아 주 설리너스에서 아버지 존 언스트 스타인벡 3세와 어머니 올리브 해밀턴의 외아들로 태어났다. 그가 어린 시절을 보낸 캘리포니아의 가장 중심적인 농업 지대인 설리너스 계곡 주변은 이후 《생쥐와 인간(Of Mice and Men)》, 《승산 없는 싸움》, 《분노의 포도》 등 주요 작품의 배경이 된다. 스타인벡은 1920년 스탠퍼드 대학 영문학과에 입학했지만 강의를 듣는 대신 목장, 도로 공사장, 목화밭, 제당 공장 등에서 노동을 하는 시간이 많았다. 스타인벡이 노동자와 빈민들의 삶을 생생하게 묘사할 수 있었던 것은 이 기간 동안 사회의 밑바닥과 그곳에서 노동하고 생활하는 서민들의 생활을 몸소 경험했기 때문이다.

대학 시절 교내 잡지에 단편 소설을 발표한 적이 있는 스타인벡은 스물세 살이던 1925년 대학을 자퇴한 후 작가가 되고자 2백 달러를 들고 뉴욕으로 떠났다. 하지만 작가로 성공하기까지 그는 오랜 기간 실패를 거듭했다. 1932년까지 아무런 책을 출판하지 못한 스타인벡은 이 해 《하늘의 목장》을 시작으로 이듬해 《미지의 신에게》 등을 출간했지만 비평가들의 평가도 시원치 않았고 판매도 부진했다.

1936년 1월 그의 첫 번째 정치 소설이자 파업 소설인 《승산 없는 싸움》이 출간되면서 스타인벡의 작가로서의 명성이 알려지기 시작했다. 공산주의 조직가인 맥이 사과밭 과수원 노동자들의 파업을 조직하는 과정을 그린 이 소설이 출간되자 스타인벡은 미국의 우익으로부터 맹렬한 비난을 받았다. 견딜 수 없는 착취를 당해 온 노동자들의 투쟁을 묘사해 공산주의자들의 동정을 끌어모으려 했다는 비난이 나왔다. 하지만 《승산 없는 싸움》은 캘리포니아 커먼웰스 금상을 받았고 단숨에 베스트셀러가 됐다. 스타인벡 연구자들은 《분노의 포도》가 출간되지 않았다면 이 작품이 스타인벡의 대표작이 됐을 것으로 보기도 한다.

_ 이주 노동자 그린 《분노의 포도》로 FBI의 주목 받아

1930년대는 대공황을 극복하기 위해 프랭클린 루스벨트 대통령이 주창한 뉴딜 정책이 시행되는 시기이자 숙련공 중심의 직업별 노동조합인 미국 노동 총동맹(AFL)에 맞서 산업별 노조 조직화를 강조한 산업별 노동조합 회의(CIO)의 활동으로 미국에서 노동조합원이 급격히 증가하는 시기였다. 1935년부터 1937년까지의 2년 동안 노조 조직률은 10퍼센트에서 20퍼센트로 두 배 이상 뛰어 올랐으며 그에 힘입어 노동 운동도 활발히 벌어지고 있었다.

이런 시대 상황을 놓치지 않고 소설로 쓰기 시작한 스타인벡은 1937년 이주 노동자들과 함께 캘리포니아로 향했는데 이 경험이 《분노의 포도》의 집필 동기가 됐다. 캘리포니아 농장에서 노동자들과 함께 일하며 그들의 애환과 분노를 접한 스타인벡은 조드 일가의 역경을 그린 《분노의 포도》를 1939년 발표했다.

토지 소유주인 은행에 의해 농장을 빼앗긴 조드 일가가 캘리포니아를 향해 1천8백 마일에 달하는 서부 대장정에 오르는 것으로 시작하는 이 소설에서 스타인벡은 미국의 이주 노동자들을 착취하고 탄압하는 지주, 은행, 경찰을 고발하고 노동자들이 단결해 파업에 돌입하는 과정을 그렸다. 당시 미국 사회에서 작가로 성공하기 시작한 스타인벡은 이 작품의 출간으로 인해 지독한 공산주의자로 낙인 찍혔다. 흥행에 실패할 우려도 있었지만 그는 미국 사회의 어두운 구석을, 그리고 그 안에서 연대를 통해 자신들의 위치를 확보해 가는 노동자들의 투쟁을 독자들에게 전하는 작가의 길을 지키기로 결심했다. 스타인벡이 이 소설을 들고 출판사에 찾아갔을 때 출판사에서는 조금 부드럽게 손질을 하자고 제안했으나 그는 단호히 거절했다.

책이 출간되자 《승산 없는 싸움》 때와는 비교가 안 될 정도로 격렬한 논란이 벌어졌다. 《분노의 포도》는 배경이 된 오클라호마 주를 비롯해 여러 주에서 금서 판정을 받았고 도서관·학교 등에서 구입이 금지됐으며 분서 소동이 벌어지기도 했다. 하지만 초판이 50만 부나 팔릴 정도로 미국의 독자들은 이 소설에 주목했다. 스타인벡의 고발을 통해 미국 사회에서는 캘리포니아 이주 노동자들의 생활에 관심이 집중되기 시작했다.

FBI는 이때부터 스타인벡을 주의 인물 명단에 올려놓았다. 나중에 공개된 1백20쪽 분량의 파일에 따르면 당시 FBI에서는 스타인벡을 공산주의자로 의심하는 한편 그의 작품이 나치와 공산주의자들에 의해 반미 선동에 사용될 것을 우려했던 것으로 밝혀졌다. 공개된 파일에는 스타인벡이 공산주의자 색출로 악명 높았던 FBI 에드거 후버 국장의 감시에 항의하면서 프란시스 비들 법무장관에게 보낸 편지가 들어 있다. 스타인벡은 이 편지에서 "에드거의 똘마니들이 내 뒤를 밟지 않게 해줄 수 있겠소? 짜증이 나는군요"라며 불쾌감을 표시했다.

_ 작가동맹, 인민전선에서 활동

　스스로를 공산주의자 또는 사회주의자로 규정한 적은 없었지만 그는 《분노의 포도》를 썼을 당시에 인민전선(Popular Frontist) 당원 이었다. 인민전선은 1935년 공산주의 인터내셔널(코민테른) 제7차 대회에서 파시즘에 대항한 비공산당 좌파와의 동맹을 결성하기로 하면서 국가별로 만들어진 조직이다. 미국 공산당도 산업별 노동 조합 회의 조직화에 박차를 가하는 한편 대중 운동에서 지도력을 발휘하기 시작했다. 하지만 미국 공산당과 인민전선의 활동은 1939년 히틀러와 스탈린이 독-소 불가침 조약을 맺으면서 급속도 로 위축됐다. 이 시기 스타인벡은 미국 작가 동맹을 통해 미국 공산 당과 느슨한 관계를 유지했는데 인민전선의 붕괴 이후에도 작가 동 맹의 회원으로 남아 있었다.

　1942년에는 점령군에 대한 시민들의 저항을 다룬 중편 희곡 소 설 《달은 지다》를 발표했는데 이 작품은 여러 언어로 번역돼 당시 유럽 지역의 레지스탕스들 사이에서 인기가 높았다.

　제2차 세계 대전 기간 동안에는 《뉴욕 헤럴드 트리뷴》지의 종군 기자로 활동하기도 했던 스타인벡은 1949년 공산주의자였던 감독 엘리아 카잔을 위해 멕시코 혁명을 다룬 영화 〈비바 사파타(Viva Zapata)〉의 시나리오를 썼다.

1962년 노벨 문학상을 수상한 스타인벡은 이후 린든 존슨 대통령의 베트남전 참전 결정에 지지 의사를 밝혔다가 진보적인 독자들의 분노를 사기도 했지만 1967년 반전 입장으로 돌아섰다. 헤밍웨이, 포크너와 함께 20세기 미국 현대 문학을 이끈 거장 존 스타인벡은 1968년 12월 20일 뉴욕시 자택에서 신부전증 악화로 세상을 떠났다. 자신과 주변의 삶을 바꾸기 위해 투쟁하는 인간을 그린 스타인벡. 그는 지금도 미국 노동자 계급의 영원한 벗으로 남아 있다.

_윤재설

●● 존 스타인벡 John Ernst Steinbeck, 1902~1968

사회 현실을 묘사한 작품을 많이 쓴 미국의 소설가. 로스트 제너레이션을 이은 1930년대의 사회주의 리얼리즘을 대표하는 작가. 가정 형편이 어려워 고학으로 스탠퍼드 대학교 생물학과에 들어갔으나 학자금 부족으로 중퇴했다. 뉴욕에서 신문 기자가 되었으나 객관적인 사실 보도가 아닌 주관적 기사만 썼기 때문에 해고된 이후 막노동을 하며 각지를 전전했다. 1935년《토르티야 대지(Tortilla Flat)》로 작가로서의 이름을 얻고, 과수원의 파업을 사실적으로 그린《승산 없는 싸움》(1936)과 《생쥐와 인간》(1937)으로 그의 명성이 확고해졌다. 기계화 농업의 압박으로 농토에서 쫓겨난 이동 농민들의 비참한 생활을 변천하는 사회 양상과 함께 그려 자본주의 사회의 모순과 결함을 고발한 대표작《분노의 포도》(1939)로 퓰리처상을 받았다. 또 다른 대표작《에덴의 동쪽》(1952)은 남북 전쟁에서 제1차 세계 대전까지의 시대를 배경으로 에덴동산을 찾아 미래를 꿈꾸는 자들의 이야기이다. 1962년에《울적한 겨울》로 노벨 문학상을 받았다.

14 마틴 루터 킹 _

인종·경제적 평등 꿈꾼
민주적 사회주의자

Martin Luther King Jr.

_반공주의자로 잘못 알려진 민주적 사회주의자

"나에게는 꿈이 있습니다. 언젠가 이 나라가 일어나 '우리는 만인이 평등하게 창조되었음을 확신한다' 는 믿음의 참된 뜻대로 살아가는 꿈입니다. 나에게는 꿈이 있습니다. 언젠가 조지아의 붉은 언덕 위에 노예의 아들들과 주인의 아들들이 형제애의 식탁에 함께 앉아 있는 꿈입니다.

나에게는 꿈이 있습니다. 언젠가 부정과 억압의 열기에 허덕이는 황폐한 땅인 미시시피가 자유와 정의의 오아시스로 변화되리라는 꿈입니다. 나에게는 꿈이 있습니다. 언젠가 나의 네 아이들이 피부 색깔이 아니라 그들의 개성으로 평가받는 나라에 살 것이라는 꿈입니다. 오늘 나에게는 꿈이 있습니다.

나에게는 꿈이 있습니다. 모든 계곡에 기쁨이 넘쳐나고, 모든 언덕과 산이 낮아지고, 황무지가 옥토가 되고, 굽은 길이 펴지고, 하느님의 영광이 드러나는, 그리고 모든 사람들이 함께 이것을 목도하는 꿈입니다. 나에게는 꿈이 있습니다."

1963년 8월 워싱턴에서 흑인 해방을 바라는 수십만 군중 앞에서 마틴 루터 킹 목사가 한 '나에게는 꿈이 있습니다(I have a dream)' 라는 제목의 유명한 연설의 한 대목이다. 1968년 미국에서 반전 운동이 확산되는 시점에 암살당한 킹 목사는 우리에게뿐 아니라 미국에서도 흑인 민권 운동가로 널리 알려져 있다. 그런데 그는 믿기지 않지만 "보다 개선된 부의 분배가 필요하고 미국은 민주적 사회주의를 향해 나아가야 한다"고 주장한 자칭 '민주적 사회주의자'였다.

펜실베니아 대 종교학 교수인 마이클 에릭 디슨이 쓴 〈여러분과 함께 그 땅을 밟지 못할지도 모릅니다-마틴 루터 킹의 진실〉에는 평등한 권리를 주장하고 공산주의에 반대했던 것으로만 알려진 그의 이미지와는 달리 적극적인 차별 해소, 할당제를 주장하고 사회주의에 동감을 표시한 것을 비롯해 알려지지 않은 놀라운 사실들이 실려 있다. 킹 목사는 공산주의에 대해 비판적인 발언을 했지만 이는 백인 자유주의 진영을 끌어들이기 위한 것이었고, 그의 주변 인물들이 공산주의자였으며 그가 관계를 맺은 전미 법률가 조합(NLG)이나 민주 행동을 위한 변호사회(LDA) 등은 좌파 조직이었다.

_일찍이 인종차별 · 불평등에 눈뜬 목사 집안의 아들

킹은 1929년 1월 15일 미국 조지아 주 애틀랜타 시에서 에버니저 침례교회 소속의 목사 마틴 루터 킹 1세의 아들로 태어났다. 그는 교회에서 자라났으며 아버지도, 할아버지도, 증조할아버지도, 형도, 작은아버지도 목사였다.

킹이 태어난 1920년대 말은 대공황이 시작될 무렵. 어린 시절 빵을 구하기 위해 줄지어 선 사람들을 자주 보아온 그는 나중에 "내가 성년이 돼서 자본주의에 대해 부정적인 태도를 갖게 된 것은 이런 어린 시절의 경험 때문일 것"이라고 회상했다.

킹의 아버지 마틴 루터 킹 1세는 유색 인종을 위한 전국협회(NAACP) 애틀랜타 지부장으로 활동하며 인종 차별에 맞서 투쟁해 온 목사였다. 킹이 어린 시절 애틀랜타에서는 흑백 분리 제도가 엄격히 유지되고 있었다. 흑인들은 수영장을 이용할 수 없었고 공원에서 놀 수도 없었고 백인 학생들과 다른 고등학교를 다녀야 했다. 도심 번화가의 상점에서 흑인들은 커피 한 잔도 사 먹지 못했다. 흑인들은 흑인 전용 극장에서 철지난 영화나 겨우 볼 수 있었다. 킹은 열네 살 때 '흑인과 헌법'이라는 주제로 웅변대회에 참가해 입상을 하고 돌아오는 길에 백인들에게 자리를 양보하라는 버스 운전사의 욕설을 들었다. 이날의 모욕은 킹의 기억에 깊이 남아 있었다.

그는 흑백 분리 제도뿐 아니라 그와 관련된 억압적이고 야만적인 법령들을 혐오하면서 자랐다. 백인 우월주의 단체인 KKK(Ku Klux Klan)단의 폭력을 직접 목격하며 자라난 그는 이런 경험들이 자신의 자아 형성에 지대한 영향을 미쳤다고 회고했다.

1944년 모어하우스 대학에 입학한 이후 킹은 인종 차별과 경제적 불평등에 대해 깊은 관심을 기울였다. 헨리 데이빗 소로의《시민 불복종》을 읽으며 비폭력 저항주의를 처음으로 접한 킹은 4학년 때 아버지가 담임 목사로 있는 에버니저에서 목사 안수를 받고 사회학 학사 학위를 받은 후 신학 공부를 위해 펜실베니아 주 체스터에 있는 크로저 신학교에 입학했다.

그는 신학교에서 사회 철학자의 책을 읽으면서 "인간의 영혼을 갉아먹는 빈민가와 인간의 영혼을 억압하는 경제적인 조건, 인간의 영혼을 짓누르는 사회적인 조건에는 무관심한 채 인간의 영적인 구원에만 관심을 갖는 종교는 사멸하게 된다"는 확신을 얻게 됐다.

1949년 마르크스의 저작을 읽은 킹은 "역사에 대한 유물론적인 해석 방법을 받아들일 수 없었"지만 "자본주의가 안고 있는 전형적인 약점들을 지적하고 대중의 자의식 성장에 기여했으며, 기독교 조직의 도의심에 자극을 주었다는 점"에 동의를 표시했다. 그는 마르크스 저작을 통해 "빈부 격차에 대한 인식이 더욱 깊어졌다"고 인정하고 "현대 미국 자본주의는 사회 개혁을 통해서 빈부 격차를 상당히 감소시켰지만 부를 보다 효율적으로 분배할 필요성은 여전히 남았다"고 주장했다.

_백인들도 동참한 몽고메리 버스 보이콧 투쟁

1951년 보스턴 대학 신학과에 입학한 킹은 성악가 코레타 스콧을 만나 1953년 결혼하게 된다. 킹은 1954년 앨라배마 주 몽고메리 덱스터 애버뉴 침례교회에서 처음으로 목회 활동을 시작했다. 그는 목회에만 머무르지 않고 교회 신도 전원에게 선거권 등록과 NAACP 회원 가입을 권유하는 한편 교회 내에 '정치 사회 활동 위원회'를 조직했다.

1955년 12월 1일 로사 파크스 부인은 버스에서 백인 전용 좌석 바로 뒷좌석에 앉아 있다가 흑백 분리법을 위반한 혐의로 체포됐다. 이 사건을 계기로 킹 목사는 몽고메리 진보 연합을 조직하고 미국 인권 운동 역사에서 큰 획을 그은 버스 보이콧 운동을 시작했다. 흑백 분리에 항의하는 주민들은 자발적으로 다른 교통수단을 이용하고 카풀을 운영하면서 버스 타기를 거부했고 백인들조차도 점차 이 운동에 동참하기 시작했다.

이 운동을 주도한 킹 목사는 스물일곱 살이던 이듬해 보이콧 금지법 위반으로 기소되지만 그해 11월 연방 대법원은 버스 내 흑백 분리가 위헌이라는 판결을 내렸다. 투쟁을 승리로 이끈 킹 목사는 이후 전국적인 흑인 민권 운동의 지도자로 부각되기 시작했다. 1957년에는 시사주간지 《타임》이 몽고메리 보이콧 운동을 커버스토리로 다루기도 했다.

이때부터 FBI는 킹 목사를 감시하기 시작한다. 존 에드거 후버

FBI 국장은 킹 목사를 '미국에서 가장 위험한 사람'이라고 부르며 요시찰 대상에 올렸다. 나중에 공개된 FBI 기록에 의하면 킹 목사는 1950년대 미국 공산당의 연수 프로그램에 참석했으며 한 세미나에서 폐회 연설을 맡기도 했다.

_자유 시장 원칙 대신 필요에 따른 상품 분배 지향

1960년대 들어서 미국의 흑인 운동은 점차 활발해지기 시작했다. 킹 목사도 체포와 구금을 거듭했지만 결코 물러서지 않았다. 1963년 미국은 노예 해방 1백주년을 맞이했지만 흑백 분리의 유산은 병원, 공원, 학교, 상점, 교회, 극장 등 사회 곳곳에 여전히 남아 있었다.

1964년 노벨 평화상을 수상한 킹 목사는 앨라배마 주 셀머 시에서 투표권 쟁취를 위한 행진 시위 직후 2백 명의 시위자들과 함께 투옥됐다. 이후 그는 베트남전에 대해서도 반대 입장을 분명히 하며 반전 운동에도 앞장섰다. "지금 미국 청년들이 아시아의 정글에서 전투를 하다 죽어가고 있습니다. 이 전쟁의 목적은 너무나 막연하기 때문에 전국의 여론이 들끓고 있습니다. 흔히들 이들의 희생은 민주주의를 위한 것이라고 말하지만, 사이공 정권과 그의 동맹 세력도 명색으로는 민주주의를 내세우고 있으며, 미국 흑인 병사들은 민주주의를 누려본 경험이 없는 사람들입니다."

킹 목사는 1968년 4월 4일 테네시 주 멤피스 로레인 모텔 발코니에 서 있다가 저격수가 쏜 총탄에 맞고 사망했다. 킹 목사 암살 혐의로 99년형을 받은 제임스 얼 레이는 이후 무죄를 주장하다 1998년 감옥에서 사망했다. 1999년 셸비 카운티 순회법정은 킹 목사가 정부 내 비밀 조직과 마피아 등 범죄 조직이 연루된 거대한 음모의 희생자라는 평결을 내렸다.

암살 직전까지 흑인 민권 운동뿐 아니라 노동 운동과 반전 운동에도 힘을 기울이던 킹 목사는 흑인들의 경제적 참상을 고발하고 정치 권력과 경제력을 근본적으로 재분배할 것을 주장했다. 그는 파업 중인 멤피스 시 청소원들에게 "평등한 대우를 받고 싶다면, 적절한 임금을 받고 싶다면 투쟁해야 한다"고 격려하고 "자신이 지닌 엄청난 자원을 빈곤을 종식시키고 주님의 모든 자녀들이 기본적인 생활상의 필요를 충족시킬 수 있도록 하는 데 사용하지 않는다면 미국도 역시 지옥에 떨어지게 될 것"이라고 연설했다. 킹 목사는 자신이 지향하는 민주적 사회주의에 대해 "자유 시장의 원칙에 근거해서 상품이 분배되는 것이 아니라 인간의 정신적이고 물질적인 필요에 따라 분배되는 사회를 지향하는 것을 의미한다"며 인종적으로, 그리고 경제적으로 평등한 사회를 지향한 민주적 사회주의자였다.

_윤재설

●● 마틴 루터 킹 Martin Luther King Jr., 1929~1968

미국의 목사이자 흑인 해방 운동가. 침례교회 목사의 아들로 태어나 모어하우스 대학 및 크로저 신학교를 졸업하고 보스턴 대학 대학원에서 철학박사 학위를 받았다. 간디의 비폭력 저항과 인종 차별 철폐 및 식민지 해방과 사해동포론에 깊은 영향을 받았다. 앨라배마 주 몽고메리의 침례교회 목사로 취임한 이듬해인 1955년 12월에 시내버스의 흑인 차별 대우에 반대하여 5만의 흑인 시민이 벌인 '몽고메리 버스 보이콧 투쟁'을 승리로 이끌었다. 이후 1968년 암살당하기까지 비폭력주의에 입각해 흑인이 백인과 동등한 시민권을 얻어내기 위한 공민권 운동의 지도자로 많은 활약을 했으며, 이러한 공로를 인정받아 1964년 노벨 평화상을 받았다. 주요 저서로 몽고메리 버스 보이콧 투쟁에 관해 쓴 《자유를 향한 위대한 행진》(1958)과 《우리 흑인은 왜 기다릴 수 없는가》(1964), 《흑인이 가는 길》(1967) 등이 있다.

15 존 레넌_

선(禪)-마르크스주의를
꿈꾼 20세기의 아이콘

John Lennon

_ 가난한 노동자 계급 출신의 밴드 비틀스

〈화씨 9/11〉을 만든 영화사 라이온스게이트가 2006년 또 한 편의 문제작을 내놓았다. 제목은 〈미국 대 존 레넌(The US vs. John Lennon)〉*. 제목부터 범상치 않은 이 다큐멘터리는 세계적인 뮤지션에서 반전 운동의 아이콘으로 변신한 존 레넌의 삶과 그의 입을 막으려는 미국 정부의 노력을 담았다.

사실 엄밀히 말해 레넌이 운동의 대열에 동참한 것은 '변신'이라고 할 수 없다. 그가 1971년 《롤링스톤》과의 인터뷰에서 매우 급진적인 발언을 했을 당시 신좌파 활동가들조차 놀랍다는 반응을 보였지만 비틀스의 다른 멤버들과 마찬가지로 영국 북부 노동자 도시 리버풀 출신의 레넌이 운동에 뛰어든 것은 전혀 이상한 일이 아니었다.

레넌은 1971년 《카운터펀치》에 실린 타리크 알리, 로빈 블랙번과의 인터뷰에서 급진적이고 정치적인 시각이 언제부터 형성됐는지를 묻는 질문에 이렇게 답했다. "나처럼 자란 사람에게는 경찰을 미워하고 사람들을 먼 곳에 데려다 놓고 목숨을 잃게 만드는 군대에 끌려가는 걸 경멸하는 것이 너무나도 당연한 일이다. 이건 노동계급에게는 말할 필요도 없는 것이다." 그에게 '계급'은 뿌리 깊은

---

* 우리나라에서는 〈존 레논 컨피덴셜〉이란 제목으로 2008년 개봉했다.

원초적 자각이었고 계급 구조가 있는 한 세상은 절대로 바뀌지 않는다는 신념이 그를 지배하고 있었다. 레넌은 종교에 심취해 있을 때에도 자신을 기독교 공산주의자로 규정했다.

존 레넌은 1940년 10월 9일 선원인 아버지 알프레드와 어머니 줄리아 사이에서 태어났다. 레넌이 다섯 살 무렵 아버지가 가정을 버린 후 그는 이모의 손에서 자랐다. 학창 시절 미술에 재능을 보인 레넌은 리버풀 미술대학에 진학하기도 했지만 이내 싫증을 느끼고 자퇴했다. 레넌은 이후 자신의 삽화를 담은 책 두 권을 출간하기도 했다.

중등학교 시절 '쿼리멘'이란 이름의 밴드를 조직한 레넌은 폴 매카트니, 조지 해리슨 등을 영입해 '조니 앤드 더 문독스'를 결성한다. 이후 밴드의 명칭은 '실버 비틀스'를 거쳐 '비틀스'로 확립된다. 존 레넌, 폴 매카트니, 조지 해리슨, 링고 스타 등 비틀스의 멤버 네 명은 모두 리버풀의 가난한 노동자 집안 출신이다. 리버풀 주민들은 아직도 비틀스를 낳은 도시라는 자긍심을 갖고 있다. 비틀스의 팬이라는 콘돌리자 라이스 미 국무장관이 2006년 3월 리버풀의 존 레넌 공항에 도착했을 때 주민들은 존 레넌의 노래 〈이매진(Imagine)〉으로 강력한 항의의 메시지를 보낸 바 있다.

영국 변두리 출신의 이 로큰롤 밴드가 국제적인 명성을 얻은 후 레넌은 정치적인 발언을 하기 시작했다. 그와 조지 해리슨은 미국에서 아직 반전 운동이 활성화되기 이전인 1966년에 연예 기자들 앞에서 "미국의 베트남전 개입을 반대한다"고 말했다. 비틀스의 매니저였던 브라이언 엡스타인은 누차 베트남전에 대해 말하지 말라고 강조했지만 레넌의 첫 정치적 발언은 이렇게 시작됐다.

그는 미국의 록 그룹에 대해 경멸어린 시선을 보냈다. "그들은 중산층이고 부르주아"이고 "대부분이 우익으로 보이는 미국의 노동자들을 두려워하고" 있어서 '계급'을 건드리지 못하고 있었기 때문이다. 레넌의 정치 참여가 단순히 유행에 따른 것이 아니라 자신의 '출신 성분'에 기반했던 것임을 다시금 드러내는 대목이다.

하지만 그의 정치적 발언이 좌파들로부터 항상 열광적인 호응을 얻었던 것은 아니다. 그는 68혁명의 와중에 인도에 명상 여행이나 떠나거나 〈혁명〉이라는 노래에서 자신을 혁명의 대오에 "포함시킬 수도 있고 아닐 수도 있다"고 알 수 없는 발언을 하기도 했다. 노래 〈혁명〉에 대한 논란과 관련해 레넌은 나중에 이 노래에는 두 가지 버전이 있다고 해명했다. 원곡은 "나를 포함시키라(count me in)"는 것이었고 두 번째 곡에선 "(파괴를 얘기하는 것이라면) 나를 빼 달라(count me out)"는 것이었다는 설명이었다.

_전위 예술가 오노 요코와 본격적인 운동 대열 합류

레넌은 1969년에 들어서면서 자신의 새 연인인 전위 예술가 오노 요코와 함께 본격적으로 운동의 대열에 합류했다. 당시 레넌은 비틀스 해산 이후 발표한 솔로 앨범 곳곳에서 자신의 정치적 신념을 표현했을 뿐만 아니라 시위대가 〈우리 승리하리라〉 같은 옛날 찬송가나 부르는 것을 보고 직접 〈민중에게 권력을〉이라는 운동가를 짓기까지 했다. 그는 이 노래에서 "지금 당장 혁명이 필요"하며 "노동자들이 제 몫을 되찾아야" 하고 "여성이 해방돼야" 한다고 주장했다. 그리고 〈이매진〉에서는 "종교도 없고", "국가도 없으며", "소유도 없는" 세상을 말했다.

레넌을 단순히 급진적인 노래를 불렀던 사람 정도로 치부할 수 없는 것은 바로 이 때문이다. 그는 인터뷰 도중에 "필요에 따른 분배"라는 마르크스의 이상이 바로 자신의 이상이라고 말했으며, 소련과 중국에 대해 상당히 깊이 있는 관심을 보이기도 했다. 또 "모든 혁명은 개인숭배로 끝나고 말았다"며 이는 쿠바에서도 마찬가지일 것이라고 보고 노동자 계급 스스로가 자신의 '어버이'가 되어 어떠한 '어버이'도 필요로 하지 않는 상태에 도달해야만 자기 해방을 이룰 수 있다는 나름의 대안을 제시했다.

레넌의 이러한 명철한 정치의식과 투쟁은 1970년대 초반 미국에서 베트남전을 질질 끄는 닉슨 정부에 대한 투쟁에 열중하다가 좌절하면서 부침을 겪었다. "좌파는 보다 적극적으로 노동 계급 젊은 이들에게 다가가야만 한다"고 일갈했던 그는 한때 술에 찌든 백만장자로 소일하기도 했다.

하지만 1980년 오랜 침묵을 깨고 새 앨범을 발표하면서 그는 언론사와의 인터뷰에서, 자신의 엎치락뒤치락했던 정치 경력에 대해 회의를 표명하면서도, "영국에서 태어난 사람으로서는 보수파가 되든지 사회주의자가 되든지 둘 중 하나"라며 자기는 자신의 사상을 '선(禪)-마르크스주의'로 정리하겠다고 단언했다. '선 불교'와 '마르크스주의'의 결합. 그는 이것이 무엇을 의미하는지 설명할 시간을 갖지 못한 채 1980년 12월 의문의 죽음을 맞았다. 그가 캘리포니아 이주 노동자들의 파업 투쟁 지원 방문을 계획할 무렵이었다. 스물다섯 살 청년 마크 데이빗 채프먼이 저지른 암살은 아직도 의문으로 남아 있다. 그렇게 세상을 떠난 지 29년이 지났지만 레넌은 세상 어딘가에서 여전히 꿈을 꾸는 사람들과 함께 하고 있을지도 모른다.

나를 몽상가라 부를지도 모릅니다 / 하지만 나는 혼자가 아니에요
언젠가 당신이 우리와 함께 하는 날 / 세계가 하나처럼 살게 되길 바래요
- 〈이매진〉 중에서

_윤재설

●● 존 레넌 John Lennon, 1940~1980

영국 출신의 가수. 1963년 1집 앨범《Please Please Me》로 데뷔해 1970년에 공식 해체한 4인조 밴드 비틀스(The Beatles)로 세계적인 명성을 얻었다. 멤버들이 모두 리버풀의 가난한 노동자 집안 출신인 비틀스는 영국뿐 아니라 미국에서도 폭발적 인기를 끌어 미국 TV 방송 사상 최고의 시청률을 기록하고 카네기 홀에서 처음으로 록 공연을 하기도 했다. 1965년엔 엘리자베스 2세로부터 대영제국 국민훈장을 받았지만 레넌은 베트남 전 참전에 항의해 1969년 훈장을 반납하기도 했다. 그는 비틀스 해체 후 앨범《John Lennon, Plastic Ono Band》(1970)으로 솔로 데뷔했으나 1975년부터 공식 석상에서 모습을 감추었다. 마흔이 되던 1980년 8년 만에 새 앨범을 들고 나타났지만 몇 개월 후 암살당했다. 1981년 제24회 미국 그래미 상을 받았다.

노동자에게 사랑받은
낭만주의 문학의 거장

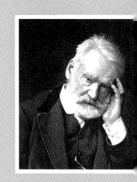

Victor-Marie Hugo

_《레 미제라블》은 현실에서 그린 지옥

2002년 1월 7일 프랑스의 모든 학교 교실에서는 대문호 빅토르 위고의 시가 일제히 낭송됐다. 크리스마스와 연말연시에 걸친 2주 간의 노엘 방학을 마친 프랑스의 모든 초·중·고교 학생들이 이날 새해 첫 수업을 빅토르 위고의 시를 읽는 것으로 시작한 것이다. 이는 프랑스 교육 당국이 19세기 낭만주의 문학의 거장 빅토르 위고가 태어난 지 2백 년이 되는 해를 기념해 새해 첫 수업 시간에 교과목에 관계없이 위고의 시를 읽을 것을 권장했기 때문이었다. 자끄 랑 당시 교육부 장관도 이날 파리의 달랑베르 초등학교를 방문해 학생들에게 1853년 위고가 쓴 서사시인 《징벌시집(Les Chêtiments)》의 한 구절을 암송해 줬다.

《레 미제라블(Les Misérables)》(1862)과 《파리의 노르트담(Notre Dame de Paris)》(1831) 등의 작가로 알려진 위고는 프랑스인들의 각별한 사랑을 받는 문인이다. 그해 프랑스에서는 시 낭송뿐 아니라 2월 26일 빅토르 위고 탄생 2백 주년을 전후해 심포지엄, 연극 등 다채로운 행사가 펼쳐지는 것을 비롯해 한해 내내 위고 관련 행사가 진행됐다.

그가 이처럼 프랑스인들의 전폭적인 사랑을 받는 것은 문학적 업적 때문만은 아닐 것이다. 혁명의 세기라 불릴 정도로 격동적이었던 19세기 프랑스 역사를 그대로 보여 주는 빅토르 위고의 83년 긴 생애에서 문인으로서, 정치인으로서 그가 추구했던 사회 진보에의 열망은 프랑스인들의 가슴에 깊이 남아 있다.

특히 그의 대표작 《레 미제라블》은 발표될 당시부터 사회적으로 큰 반향을 일으켰다. 당시 파리의 프롤레타리아들이 주머니를 털어 조금씩 모은 돈으로 책을 사서 돌려본 이래로 빅토르 위고는 특히 프랑스 노동자 계급의 각별한 사랑을 받아 왔다.

《레 미제라블》은 위고의 인간애와 사회 진보에의 열망을 담은 대표작이었지만 동시대의 작가와 비평가들에게는 혹독한 평가를 받기도 했다. 플로베르는 "의도적으로 부정확하고 저속한 문체로 쓰였다"고 비난했고 보들레르는 "추잡하고 하찮은 책"이라고 악평을 했다. 하지만 프랑스 문학 특유의 고상하고 귀족적인 문체를 배제하고 실제 파리 하층 계급이 쓰는 일상 언어와 실감나는 표현과 어휘로 쓰인 이 작품은 19세기 문학의 대중적인 성공 사례로 꼽혔고 "주머니에 12프랑이 있으면 노동자들은 이 책을 샀고 제비뽑기로 읽는 순서를 정했"을 정도로 당시 노동자들에게 인기였다.

'레 미제라블(불쌍한 사람들)'이라는 제목의 이 작품은 위고가 1845년부터 구상했던 것으로 가장 연약한 자들의 비참함, 노인들의 궁핍, 굶주린 아이들의 참상을 사실주의 기법으로 그린 대중 소설로 평가되고 있다. 1830년대 파리의 현실을 그린 이 작품에 대해 위고는 "단테가 시에서 지옥을 그려 냈다면 나는 현실을 가지고 지옥을 만들어 내려 했다"고 말했다.

_노동 계급과 코뮌 전사의 벗

빅토르 위고는 1802년 브장송에서 태어났다. 아버지는 나폴레옹 휘하 장군이었고 어머니는 왕당파 집안 출신이었다. 위고는 유년 시절 군인인 아버지를 따라 전쟁의 소용돌이에 휘말린 유럽의 여러 곳을 여행할 수 있었다. 아버지 레오폴은 아들을 군인으로 키우고 싶어 했으나 빅토르 위고의 관심은 이미 문학으로 향해 있었다. 그의 문학적 재능은 1817년 열다섯 살의 나이로 아카데미 프랑세즈의 문학 경시대회 시 부문에 입상하면서 증명되기 시작했다. 이때부터 본격적으로 시와 소설의 세계에 빠져들기 시작한 그는 1819년 형 아베르와 함께 《문학 수호자(Conservateur Littéraire)》라는 잡지를 창간한 이후 소설과 시집을 출간하며 파리 문단에 발을 들여놓았다.

문학적인 명성을 높여가기 시작한 20대 때 그의 정치적 성향은 민주주의와 자유 왕정제 사이에서 맴돌고 있었다. 1815년 나폴레옹이 세인트헬레나 섬에 유배된 이후 1830년까지 계속된 왕정복고 시기에 그는 검열에 대해서는 일체의 타협도 용납하지 않으며 레지스탕스 기질을 보이기 시작했다.

1830년 7월 혁명이 성공한 후 샤를르 10세가 금지시켰던 그의 희곡 〈마리옹 드 로름므〉가 열광적인 분위기로 공연됐다. 1848년 2월 혁명으로 제2공화국이 수립되기 전까지 이어졌던 이 7월 왕정 체제 하의 프랑스에서는 거의 매년 노동자와 학생들의 봉기가 이어 졌고 이 혁명적인 분위기는 이후 빅토르 위고의 작품에 큰 영향을 끼치게 됐다.

1845년 《레 미제라블》을 집필하기 시작할 무렵 자유 왕정을 지지했던 위고는 루이 필립 왕의 측근이 돼 프랑스 상원 의원에 임명 되기도 했다. 1848년 2월 혁명 이후 보통선거에 의한 국회의원 선거가 실시되자 위고는 급진파 의원으로 선출됐다.

하지만 2월 혁명으로 수립된 제2공화국은 반공화파인 루이 나폴레옹이 대통령에 선출되면서 위기를 맞게 됐다. 루이 나폴레옹이 교육을 교회에 종속시키는 팔루(Falloux)법을 선포하자 '교육의 자유에 대한 논설'을 발표하며 이에 맞섰던 위고는 결국 위험인물로 분류됐다. 1851년 12월 2일에 루이 나폴레옹은 군사를 동원한 쿠데타를 일으키고 사회주의자들이 꾸미는 음모를 타도하기 위해 계엄을 선포한다는 명분으로 의회를 해산하고 빅토르 위고 등 급진파 의원들을 체포했다.

위고는 출옥 후 경찰의 눈을 피해 저항 운동을 조직하다 벨기에로 망명했다. 이 기간 동안 쓰여진 《징벌시집》은 정변을 일으켜 반동 체제를 수립한 루이 나폴레옹을 꾸짖는 내용이었다. 사회주의자임을 선언하고 반나폴레옹 투쟁을 벌인 위고는 1859년 나폴레옹 3세의 사면을 거부하고 게르느제 섬에 머물며 1848년 2월 혁명 이후 중단했던 《레 미제라블》 집필을 재개하는 등 작품 활동에 몰두했다.

1870년 나폴레옹 3세의 몰락 이후 오랜 망명 생활을 마치고 그가 파리로 돌아왔을 때 파리 시민들은 그를 뜨겁게 맞이했다. 그리고 그를 국회의원으로 선출했다. 1871년 3월 파리 꼬뮌* 시기 그는 잠시 브뤼셀에 머무르고 있었다. 몸은 떨어져 있었지만 그는 코뮌파의 편에 서 있었고 벨기에에서도 파리의 동지들을 위한 활동을 펼쳤다.

위고는 파리 코뮌이 진압된 후 벨기에로 도망 온 코뮌 전사(코뮈나르드)들에게 정치적 망명을 허용하지 않는 벨기에 정부에 항의하다 기피 인물로 낙인찍힌 후 추방당했다. 룩셈부르크 등지를 떠돌다 1872년 파리에 정착한 위고는 망명 시절 쓴 작품을 발표하는

---

* **파리 꼬뮌** : 1871년 파리의 시민과 노동자들이 일으킨 민중 봉기로 수립된 혁명 정부. 이 정부는 72일 동안 민주적인 개혁을 시도하다가 정부군에게 패했다.

한편 급진파 상원 의원에 선출돼 정치인으로 활동하며 만년을 보냈다. 1885년 그가 세상을 떠났을 때 프랑스 국민들은 성대한 장례 의식을 베풀었으며 판테온까지의 운구 행렬에는 수많은 애도 인파가 몰렸다.

빅토르 위고의 생애는 제1제정, 왕정복고, 7월왕정, 제2공화국, 제2제정, 제3공화국으로 이어진 19세기 프랑스 역사를 그대로 반영하고 있다. 억압 체제에 저항하며 노동자 계급과 코뮌 전사의 편에 서고자 했던 그의 작품과 생애는 당대는 물론 오늘날까지도 큰 반향을 불러일으키고 있다. _윤재설

●● 빅토르 위고 Victor-Marie Hugo, 1802~1885

프랑스의 낭만파 시인·소설가 겸 극작가. 노디에를 중심으로 모여 있던 낭만주의자들이 그를 중심으로 모여 들어서 이른바 '세나클(클럽)'을 이루어, 사실상 낭만주의자들의 지도자가 되었고 1825년에 레지옹 도뇌르 훈장을 받았다. 1830년 7월 혁명이 일어날 무렵부터 인도주의와 자유주의로 기울었고, 1848년의 2월 혁명 이후엔 공화주의에 기울어, 1851년 루이 나폴레옹(나폴레옹 3세)이 쿠데타로 제정을 수립하려 하자 이를 반대하다 19년에 걸친 망명 생활을 하게 된다. 대표작으로 소설 《노트르담 드 파리》(1831), 나폴레옹 3세를 비난하는 《징벌시집》(1853), 딸의 추억과 철학 사상을 노래한 《정관시집(靜觀詩集)(Les Contemplations)》(1856), 인류의 진보를 노래한 서사 《여러 세기의 전설(La Légende des siècles)》(1859), 장편소설 《레 미제라블》(1862), 《바다의 노동자(Les Travailleurs de la mer)》(1866), 《웃는 사나이(L'Homme qui rit)》(1869) 등이 있다.

인간적 사회주의 꿈꾼
정신 분석학자

Erich Fromm

_ 마르크스와 프로이트 융합 시도

 "교회는 아직도 대체로 내면의 해방에 대해서만 이야기하고, 진보주의자들에서 공산주의자들에 이르기까지 정당들은 외부의 해방에 대해서만 이야기한다. (…) 유일하게 현실적인 목표는 총체적 해방인데, 이러한 목적을 근본적(혹은 혁명적) 휴머니즘이라고 불러도 좋을 것이다."(《존재의 기술》 중에서)

 "휴머니즘적 사회주의는…최대 이윤의 욕구를 내재적으로 가지고 있는 시장과 자본의 비인간적 힘의 법칙에 따라 생산하는 것이 아니라 사회 구성원 스스로 계획해서 그들이 원하는 것을 생산하는 사회 체제이다."(《불복종에 관하여》 중에서)

 《사랑의 기술》, 《소유냐 존재냐》, 《자유로부터의 도피》 등의 책으로 유명한 에리히 프롬은 우리에게 심리학자 혹은 철학자의 한 사람으로만 알려져 있다. 신프로이트학파의 거장이었던 프롬이 마르크스의 초기 사상과 프로이트의 이론을 융합해 인간적인 사회주의를 꿈꾼 인물이었고 미국 사회당에서 활동했다는 사실은 잘 알려져 있지 않다.

 프롬은 1900년 3월 23일 독일 프랑크푸르트의 유대인 가정에서 외아들로 태어났다. 그의 부모는 독실한 유대교 신자였다. 아버지인 나프탈리 프롬은 와인상을 하는 중산 계급이었다.

프롬은 1918년 프랑크프루트 대학에 입학해 두 학기 동안 법학을 공부한 뒤 하이델베르크 대로 옮겨 사회학을 공부했다. 1922년 하이델베르크 대에서 사회학 박사 학위를 받았는데 학위논문은 〈유대교의 두 종파에 관한 사회 심리학적 연구〉였다. 그때까지 유대교가 프롬의 삶을 지배하고 있었지만 1926년에 그는 이 종교와 작별한다.

그 후 베를린 정신 분석학 연구소에서 정신 분석을 연구하던 그는 1931년 프랑크푸르트학파의 활동 근거지이던 프랑크푸르트 사회 조사 연구소에 참여하면서 프랑크푸르트학파의 일원으로 활동한다. 예상치 못했던 러시아 혁명이 성공하고 이와는 대조적으로 마르크스주의의 중심지였던 독일에서는 사회주의 운동이 퇴조하면서 독일의 좌파 지식인들은 곤경에 빠졌다. 그들이 선택할 수 있는 돌파구 중의 하나는 "과거의 오류를 규명하고 새로운 행동을 강구하기 위해 마르크스 이론의 근본적인 토대를 재검토하는 것"이었다. 프랑크푸르트학파는 이런 배경에서 탄생한 좌파 지식인 서클이었다.

1923년에 정식으로 설립된 프랑크푸르트 사회 조사 연구소는 초기에는 사회 변혁의 주도 세력으로 노동 계급을 상정했지만 "산업 사회의 기술적 합리화가 노동 계급의 혁명적 잠재력을 거세했다"

고 판단하고 현대 사회의 문화적 상부 구조를 분석하는 것으로 연구 활동의 초점을 옮긴다. 이를 위해서는 정신 분석학의 도입이 요구됐다. 이에 따라 프랑크푸르트학파는 1931년에 세 명의 정신 분석학자를 맞아들였는데 그들은 칼 란트아우어, 하인리히 멩, 그리고 에리히 프롬이었다.

프롬이 합류함으로써 프랑크푸르트학파는 프로이트와 마르크스의 융합을 본격적으로 시도할 수 있었다. 1932년 이 연구소의 기관지《사회연구》지에 〈정신 분석학적 사회 심리학의 방법과 과제〉를 발표하면서 프랑크푸르트학파의 중심인물로 떠오른 프롬은 1933년부터 프로이트의 오이디푸스 콤플렉스 이론에 회의를 품기 시작했다.

_ 미국 사회당 강령 초안 작성

이 무렵 독일에서는 나치가 득세를 하기 시작했고 독일의 많은 좌파 지식인들처럼 프롬도 망명 생활을 시작하게 됐다. 그는 먼저 스위스 제네바로 갔다가 1934년 미국으로 건너가 뉴욕의 컬럼비아대에 자리를 잡았다. 미국에서 생활하면서 프랑크푸르트학파와 교류를 지속했던 그는 1939년 프로이트 해석과 평가에 관한 연구소와의 의견 차이로 프랑크푸르트학파와 결별했다. 프롬은 이후 정통 프로이트주의와도 멀어져 갔다.

서구의 자본주의도 소비에트의 공산주의도 대안이 될 수 없다고 믿었던 프롬은 이때부터 마르크스의 초기 저작에 주목하며 인간주의적이고 민주적인 사회주의 이론을 발전시키기 시작했다. 1955년 펴낸 《건전한 사회》는 이러한 그의 사회 변혁의 이론과 사상이 제시된 책이다. 프롬은 자본주의도 소비에트식의 공산주의도 인간성을 짓밟고 관료적 사회 구조를 만들어 '소외'를 가속화시키고 있는데 공통점이 있다고 봤다. 따라서 마르크스의 초기 저작에 담겨 있는 사상을 더욱더 발전시켜야 한다는 것이 프롬의 생각이었다.

프롬의 사회 변혁 방법론은 "개인의 내적 변화를 통한 자기 해방과 사회 변혁이 동시에 추진돼야 한다"는 것과 "사회 변혁 운동이 정치적 영역에서만 진행되는 것이 아니라 정치, 경제, 문화 영역에서 동시에 추진돼야 한다"는 것으로 요약된다. 이런 생각은 《마르크스의 인간 개념》, 《환상의 사슬을 넘어서》로 이어졌고, 자신이 발딛고 있는 미국에서 사회주의 정당에 몸담으면서 이론뿐 아니라 실천의 영역에서도 그의 사상을 발전시켰다.

프롬은 매카시즘이 기승을 부리던 1950년대 중반 미국 사회당에 가입해 활동을 했고 베트남전 시기에는 평화 운동, 반전 운동에 참여하기도 했다. 반전을 기치로 내걸고 민주당 유진 매카시 상원 의

원의 예비 후보 경선을 도왔던 프롬은 닉슨의 당선 이후 정치적 활동을 접었다.

　1965년 멕시코 국립 자치 대학(UNAM)에서 정년퇴직한 뒤에도 《소유냐 존재냐》,《희망의 혁명》등 일곱 권의 책과 여러 편의 논문을 발표하면서 왕성하게 활동하던 프롬은 1980년 3월 18일 스위스에서 사망한다. 그가 사망한 뒤 1981년 《불복종에 관하여》가 출간됐는데 이 책에 실려 있는 미국 사회당의 강령 초안은 우리나라 민주노동당의 강령과 비슷한 점이 많아 흥미롭다.　　　　_윤재설

●● 에리히 프롬 Erich Fromm, 1900~1980

독일 출신의 미국 신프로이트학파의 정신분석학자이자 사회심리학자. 유대인 가정에서 태어나 프랑크푸르트 대학교와 하이델베르크 대학교에서 사회학·심리학을 전공했다. 베를린 정신 분석 연구소에서 근무하고 프랑크푸르트 사회 조사 연구소의 강사로 있다가 나치스가 대두하자 1933년 미국으로 망명해 이후 컬럼비아 대학교, 베닌튼 대학교, 멕시코 국립 대학교, 예일 대학교 등에서 교편을 잡았다. 그의 사상은 프로이트와 마르크스의 영향을 많이 받았으며, 프랑크푸르트학파에 프로이트 이론을 도입하여 사회 경제적 조건과 이데올로기 사이에 그 나름의 사회적 성격이라는 개념을 설정하고, 이 3자의 역학에 의해 사회나 문화의 변동을 분석하는 '인간주의적 정신 분석'이라는 방법론을 제기했다. 《자유로부터의 도피》(1941), 《인간의 자유》(1947), 《건전한 사회》(1955), 《선(禪)과 정신분석》(1960), 《인간의 승리를 찾아서》(1961), 《의혹과 행동》(1962), 《혁명적 인간》(1963) 등의 저서가 있다.

18 제라르 드파르디유 _

극중 배역에 갇히지 않은
현실의 좌파

영화 〈마르탱 게르의 귀향〉 포스터

_ 불우한 가출 소년에서 인기 배우로

2002년 4월 프랑스 대통령 선거 1차 투표에서 장-마리 르펜 국민 전선(Front National) 후보가 2위를 차지하며 급부상한 것은 프랑스를 경악에 빠뜨렸다. 좌파와 우파를 대표하는 정당의 후보가 결선 투표에 진출하는 관행이 정착돼 온 프랑스에서 뜻밖의 결과가 나타나자 프랑스의 양식 있는 가수, 운동선수, 배우, 예술가들이 한자리에 모였다. 프랑스 유권자들에게 우익 국민전선에 투표하지 말 것을 홍보하는 영상물을 제작하기 위해서였다. 이 가운데는 우리에게도 친숙한 프랑스 영화배우 제라르 드파르디유가 포함돼 있었다. 〈아스테릭스: 미션 클레오파트라(Astérix & Obélix: Mission Cléopâtre)〉, 〈비독〉, 〈102 달마시안〉 등에 출연한 프랑스의 국민 배우 제라르 드파르디유는 이 영상물 출연에 이어 그해 6월 총선에서는 프랑스의 대표적인 샹송 가수 쥘리에트 그레코 등과 함께 대선 이후 자금난에 시달리던 공산당에 거액의 선거 자금을 기부하기도 했다.

드파르디유는 1948년 12월 27일 프랑스 중부 상트르 주 샤토루에서 가난한 금속 노동자의 아들로 태어나 불우한 청소년기를 보냈다. 그는 열두 살에 학교를 중퇴하고 가출을 해 홍등가에서 매춘부들과 함께 살았다. 프랑스뿐 아니라 유럽 각국을 떠도는 부랑아 생활을 하며 차를 훔치고 상점에서 물건을 슬쩍 훔쳐 암시장에 팔아넘기는 등 전형적인 비행 청소년 생활을 했지만, 연극 학원에 다니던 한 친구의 권유로 배우 수업을 받게 되면서 그의 인생행로가 바뀌었다.

연기에 천부적인 재능을 보인 드파르디유는 열일곱 살 때인 1965년 단편 영화에 처음 얼굴을 내밀었다. 이후 그는 텔레비전 연속극에도 출연하고, 단역이지만 영화에도 자주 출연하면서 이름을 알리기 시작했다. 본격적인 영화 연기는 1970년대에 시작됐고 베르나르도 베르톨루치 감독의 1976년작인 〈1900년〉에 출연하면서 배우로서의 명성을 얻었다. 이 영화에서 그는 소작농의 아들 올마 역으로 열연한다. 20세기 초 노동자, 농민의 저항이 폭발하던 이탈리아를 배경으로 한 이 작품에서 드파르디유는 사회주의에 눈을 뜬 후 파시스트와 봉건적 지주와 맞서 싸우는 배역을 수행했다. 드파르디유 특유의 강하고 정열적인 남성 캐릭터는 이 영화에서부터 시작된 것으로 평가된다. 이 작품으로 프랑스의 인기 배우로 자리를 잡은 그는 프랑소와 트뤼포 감독의 〈마지막 지하철(Le Dernier Metro)〉, 〈이웃집 여인(La Femme d' à côté)〉의 주연을 맡았고 〈마지막 지하철〉로 세자르상 남우주연상을 받았다.

1982년에는 중세 봉건제가 점차 무너져 내리던 16세기 프랑스의 한 농촌에서 일어났던 실제 사건의 기록을 바탕으로 만들어진 영화

〈마르탱 게르의 귀향(Le Retour de Martin Guerre)〉에 출연해 연기력을 인정받았다. 드파르디유는 1789년 프랑스 대혁명을 소재로 한 〈당통(Danton)〉, 〈까미유 끌로델(Camille Claudel)〉, 〈시라노〉 등에 주연으로 나와 호평을 받았다. 이 기간 동안 그는 몬트리올, 칸, 베니스 영화제 등에서 남우주연상을 거머쥐었다.

_ 뚜렷한 정치 신념을 가진 배우

전성기를 구가한 드파르디유는 1990년대 들어 할리우드로 진출해 앤디 맥도웰과 함께 출연한 코미디 영화 〈그린카드(Green Card)〉, 〈1492 콜럼버스〉, 〈아빠는 나의 영웅〉 등으로 미국인들에게도 사랑을 받았다. 1993년에 드파르디유는 19세기 프랑스 탄광촌에서 사회주의 사상에 점차 눈을 떠가는 광산 노동자들의 투쟁을 담은 〈제르미날(Germinal)〉에서 파업을 주도하는 역할을 맡았다. 에밀 졸라의 원작을 클로드 베리 감독이 연출한 이 영화는 1860년대 불황에 휩싸인 프랑스 북부의 탄광촌에서 벌어지는 파업 투쟁의 비극적 결말을 그리고 있다.

이후 DD프로덕션이라는 영화사를 만들어 영화 연출과 제작에도 손을 댄 그는 지금까지 프랑스는 물론 영국, 독일, 이탈리아, 미국 등지에서 150편이 넘는 영화에 출연하거나 연출 · 제작했다. '세계 영화계에 대한 프랑스의 선물', '프랑스의 거인'이라고 불릴 정도로 프랑스인들의 사랑을 받은 드파르디유는 2005년 11월 "더 이상 보여 줄 것이 없다"며 은퇴를 선언했다.

가난하고 불행했던 어린 시절을 거친 드파르디유는 〈1900년〉, 〈당통〉, 〈제르미날〉 등 사회성 짙은 영화에 출연하면서 자신의 캐릭터를 만들어갔다. 이런 극중 캐릭터는 현실에서도 이어져 드파르디유는 프랑스 공산당과 깊은 유대를 맺고 있다. 그는 극우 정치인 르펜의 결선 투표 진출에 대해 '프랑스의 수치'라며 "공화국의 정신을 이어가기 위해 르펜을 찍지 말자"라고 프랑스 국민들에게 호소했다. 로베르 위 공산당 대표와도 친밀한 관계에 있는 드파르디유는 공산당에 대한 지원을 아끼지 않고 있다. 모터사이클과 포도주를 좋아하는 프랑스의 국민 배우 드파르디유는 종종 이브 몽탕과도 비교되고 있다. 이브 몽탕 역시 국민 배우로 불렸고 공산당의 당원으로 활동했기 때문이다. 프랑스 국민들이 이들을 사랑하는 것도 이들의 뚜렷한 정치적 신념 때문일지도 모른다. _윤재설

●● 제라드 드파르디유 Gérard Depardieu, 1948~

프랑스 배우. 〈1900년〉(1976), 〈마지막 지하철〉(1980), 〈이웃집 여인〉 (1981), 〈마틴 기어의 귀향〉(1982), 〈당통〉(1983), 〈마농의 샘(Jean De Florette)〉(1986), 〈까미유 끌로델〉(1988), 〈제르미날〉(1994), 〈아스테릭스 (Asterix et Obelix contre Cesar)〉(1999), 〈아스테릭스: 미션 클레오파트라〉 (2002), 〈라비앙 로즈(La Môme)〉(2007) 등 수십 편의 영화에 출연했고 〈마지 막 지하철〉로 세자르상 남우주연상을 받았다. 1990년엔 할리우드 영화 〈그린 카드〉에 출연했고 2006년 〈사랑해, 파리(Paris, je t' aime)〉로 감독 데뷔했다.

19 슈테판 하임 _

파란만장한 삶을 보낸
영원한 저항아

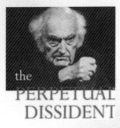

the
PERPETUAL
DISSIDENT

Stefan Heym

_ 미국 시민권 대신 사회주의 동독을 택한 망명 작가

슈테판 하임. 독일의 사회주의자이며 작가다. 국회의원도 잠시 지냈으니 정치인으로 분류해도 무방하겠다. 우리에게 그다지 잘 알려진 인물은 아니지만, 그의 생애를 살펴보면 참으로 독특하고 파란만장하다.

그는 1913년 독일 켐니츠에서 유대인 상인의 아들로 태어났다. 그가 유대계 독일인이라는 사실은 태생부터가 순탄치 않음을 예고한다. 일찍이 고교 시절인 1931년에 파시즘에 반대하는 시를 썼다가 퇴학당한 뒤 홈볼트 대학에 진학하여 철학, 독문학, 신문학을 전공했다. 나치가 집권하자 유대인인 그의 집안에는 비극이 닥쳤다. 부친은 자살하고 가족들은 유대인 수용소에서 학살당했다. 그는 다행히 미국으로 망명하여 목숨을 부지할 수 있었다.

미국 시카고 대학에서 하이네 연구로 석사 학위를 받은 뒤, 본격적인 작가로 활동하여 명성을 얻게 된다. 제2차 세계 대전이 발발하자 미군 장교로 입대하여 1944년 노르망디 상륙 작전에 참전했다. 자기 가족을 학살한 나치를 무찌르고 승전국 장교로 조국 독일에 입성한다. 그는 군 복무를 마치고 미국에서 작품 활동을 계속했다. 그러나 양진영 간 냉전이 본격화하고 매카시즘의 광풍이 미국을 휩쓸면서 사회주의자인 그는 미국에서 감시와 탄압의 대상이 되었다. 결국 그는 1952년에 훈장과 미국 시민권을 반납하고 독일로 돌아간다.

그는 이미 둘이 된 조국 중에서 하나를 선택해야 했다. 그의 고향은 서독 지역에 속해 있었다. 그러나 사회주의자 슈테판 하임은 자본주의 서독이 아닌 사회주의 동독을 선택했다. 세계인이 선망하는 미국 시민권을 내던지고 사회주의 조국으로 돌아온 그는 극진한 환대를 받았다. 그러나 꿈에 그리던 사회주의 조국이 그가 꿈꾸던 이상과는 한참 멀다는 사실을 인식하는 데에는 오랜 시간이 걸리지 않았다.

_어디서나 저항하고 배척받았던 생애

동독으로 돌아온 바로 이듬해인 1953년 신문에 비판적 칼럼을 기고하면서부터 동독 정권과의 갈등이 시작되었다. 특히 1965년에는 1953년 6월 17일에 발생한 노동자, 학생들의 반정부 시위를 묘사한 〈6월의 5일〉을 발표하여 결정적으로 미움을 샀다. 이 작품은 1974년 서독에서 출판되어 서방 진영에 널리 알려졌다. 1979년에는 동독 당국의 검열을 거부한 채 서독에서 〈콜린〉을 발표하여 마침내 동독 작가 동맹에서 추방되기에 이른다. 그렇다고 그가 서독에서 환영받은 것도 아니다. 1969년 서독에서 출판된 〈라살〉 때문에 고발되어 벌금형을 선고받기도 했다. 동독에서 그의 가장 큰 즐거움은 극작가 브레히트와의 두터운 친분이었을 것이다. 같은 유대계 독일인인 두 사람은 삶의 역정이 신통하게도 흡사했다. 그들의 우정은 1956년에 브레히트가 작고하면서 짧게 끝을 맺었다.

슈테판 하임과 동독 정권과의 갈등은 동독이 붕괴할 때까지 지속되었다. 그럼에도 그는 서독과의 급격한 흡수 통일에는 반대하는 입장에 있었다. 어쨌든 동독은 서독에 흡수 통일 되었고, 언제나 그랬듯이 그것은 슈테판 하임이 바라는 세상이 아니었다. 동독의 브레히트 묘비에 "유대인 돼지 새끼"라는 낙서가 쓰이는, 대략 그런 세상이 온 것이다.

통일 이후 자본주의 독일에서 그는 좌파 진영에 가담하여 잠시 정치 활동을 하기도 했다. 1994년에 동독 공산당의 후신인 민사당 후보로 총선에 출마하여 당선되었다. 그 당시 여든한 살의 최고령 의원이었던 그는 관례대로 개원식에서 임시 의장을 맡았는데 그의 개원 연설에 당시 집권당이던 기민당 의원들은 박수를 거부했다. 노골적인 수모였다. 뿐만 아니라 동독에서 가장 유명한 반체제 작가였던 그를 동독 비밀경찰 슈타지의 첩자로 몰기까지 했다. 결국 현실 정치에 환멸을 느낀 그는 이듬해 의원직을 사퇴하고 말았다. 그 후 여든이 넘은 나이에도 《라덱》(1995)과 자전적 소설 《파르크 프리더》(1998)를 발표하는 등 노익장을 과시하며 활발한 작품 활동을 지속하였다.

2001년 12월 16일, 향년 여든여덟 살, 그는 예루살렘에서 열린 하인리히 하이네 회의를 마치고 부인과 함께 사해 연안 호텔에서 휴식을 취하다 심장마비로 삶을 마감했다. 파란만장한 생애에 비한다면 편안한 죽음이라고 할까.

슈테판 하임이 썩 위대한 인물은 아닐 수도 있다. 관점에 따라서는, 그가 거쳐 간 각각의 시대들을 좀 더 투철하게 살아갈 수도 있었을 것이다. 어쨌거나 그의 생애를 곱씹어 보면 참으로 다양한 생각들이 다가온다. 나치 독일의 압제, '자유의 나라' 미국으로의 망명, 사회주의 동독, 통일된 독일…. 자본주의와 현실 사회주의를 넘나들며, 서로 많이 다른 각각의 공간과 시간들을 거치면서, 그는 언제 어디서나 저항했고, 배척받았다. 그가 정주하고 환영받을 수 있는 곳은 어디일까? 적어도 지금까지는 어디에도 없음은 분명하다. 그렇다면 미래에는? 과연 그런 세상은 올까? _구형구

●● 슈테판 하임 Stefan Heym, 1913~2001

　독일의 작가·정치인. 유대인인 그는 20대에 나치를 피해 미국으로 망명한 후 20년 만에 동독으로 귀국했다가 통일 독일에서 사망했다. 미국에서는 독일인과 미국인의 반파시즘 연합 노선을 표방한 주간 신문《독일 민중의 메아리》편집장으로 활동하며 미국인들에게 나치의 파시즘적 성격을 고발하기도 했다. 자신의 가족이 당한 박해와 고통의 경험을 토대로 반 나치 지하운동을 묘사한 〈인질들〉(1942)이 그의 첫 번째 소설이다. 제2차 세계 대전이 끝난 후 미국의 대외 정책에 회의를 느껴 미국 체제의 양면성과 미국 자본주의에 대해 비판적 입장을 취하다가 결국 미국 시민권을 버리고 고향 독일로 귀향했다. 사회주의자였던 그는 서독이 아닌 동독에 정착했으나, 베를린 장벽 건설을 비롯한 일련의 정치적 사건들, 동독 정권의 스탈린주의 노선과 독단적이고 획일적인 문화정책의 문제점을 지적하며 집권 사회주의통일당 정권에 비판적 입장을 취했다. 작가로서 그는 성서 이야기나 과거 역사를 소재로 삼은 비유와 풍자로 사람들에게 잘 알려진 역사적 사건을 패러디함으로써 스탈린주의에 맞서고, 반핵 평화운동에도 앞장섰다.

마릴린 먼로 남편이
빨갱이라고?

Arthur Miller

_자본주의 참혹함 고발한 《세일즈맨의 죽음》

아서 밀러 하면 사람들 머릿속에는 어떤 것들이 먼저 떠오를까. 우선 대표작 《세일즈맨의 죽음(Death of a Salesman)》이 가장 많을 테고, 이어서 마릴린 먼로의 남편, 자본주의 미국의 명암을 그려냈던 극작가 정도의 순서일 것이다. 2005년 2월 그가 타계했을 때 국내 언론들은 아서 밀러가 "자본주의의 타락을 그린 문제 작가이기는 했지만 사회주의자는 아니었다"고 강변하기에 바빴다. 도대체 무슨 이유로 그를 사회주의자가 아니라고 힘들여 부인해야 하는지 잘 모르겠지만, 같은 시기 전 세계의 좌파 신문들은 이 '사회주의자의 죽음'을 추모했다.

1915년 뉴욕에서 출생한 아서 밀러의 가정은 대공황으로 몰락한 미국 중산층들 중의 하나였다. 10대 후반 집안에 몰아닥친 빈곤과 브루클린 빈민가로의 이주는 이후 그의 작품 세계를 형성하는 밑바탕이 됐다.

고학으로 대학을 졸업한 그는 1938년 루스벨트 행정부가 뉴딜 정책의 일환으로 세운 '연방 극장 프로젝트'에 가입해 전업 작가의 길에 들어섰다. 연방 극장 프로젝트는 뉴딜의 일자리 창출 계획 중 하나였다. 그러나 그가 가입하고 얼마 뒤, 뉴딜 자체를 공산주의적 발상이라고 증오했으며 연방 극장 계획에 몸담은 좌파 예술인들을 못마땅하게 여긴 미 의회가 이 프로젝트를 중단시켜 버렸다.

비록 당시 유명하지는 않았지만 아서 밀러도 미 의회가 우려를 금치 못했던 좌파 예술인들 중 하나였다. 밀러는 1930년대에 미국 공산당에 입당했다. 스스로 밝힌 바에 따르면 공산당에 입당했던 가장 큰 동기는 대공황이었다. "대공황은 미국 사회라는 허상 뒤에 숨겨진 위선이 폭력적으로 재현된 윤리적 대재앙이었다." 그러나 1940년대 당의 스탈린주의 노선에 염증을 느껴 공산당과 절연하게 된다. 이때 아서 밀러는 마르크스주의를 포기하게 됐다고 후에 고백했다. 그는 자신의 공산당 활동을 소재로 1964년 희곡《몰락 이후》를 쓰기도 했다.

1949년 초연된 연극《세일즈맨의 죽음》은 아서 밀러의 대표작이다. 전후 미국 연극계 최대의 성과로 꼽히며, 자본주의의 참혹함을 고발한 이 작품의 초연은 역시 공산당원 경력의 엘리아 카잔이 연출을 맡았다. 카잔은 1947년 아서 밀러의 다른 작품《모두가 나의 아들》을 연출했었다. 연극은 비평과 흥행 모두 대성공을 거뒀다.

_매카시즘의 탄압과 먼로와의 결혼 생활

그러나 1952년 엘리아 카잔은 매카시즘의 광풍 속에서 하원 '비미(un-America) 활동 위원회'의 청문회에 소환돼 할리우드에 침투

해 있는 다른 공산주의자들의 이름을 대라는 요구에 굴복했다. 이른바 할리우드 블랙리스트가 탄생하는 순간이었다. 아서 밀러는 절친한 동료 엘리아 카잔이 권력과 할리우드 영화 자본의 압력을 이기지 못하고 동료들을 팔아넘기자 좌파 극작가인 릴리안 헬만과 함께 카잔을 비판하는 성명을 발표하기도 했다.

카잔의 청문회 직후 밀러는 매사추세츠 주로 달려가 1690년대 마녀 사냥에 대해 조사했다. 밀러는 여행을 통해 수집한 이야기를 기반으로 1952년 《시련》이라는 작품을 발표했다. 누가 봐도 매카시즘의 천박함과 광기를 가장 작가다운 방식으로 반박한 셈이다. 이 희곡은 5년 뒤 사르트르가 영화로 옮기기도 했다.

1956년 이제는 밀러가 비미 활동 위원회의 청문회에 불려 나갔다. 그는 이름을 대라는 의원들의 요구에 끝까지 저항했다. 그 대가는 벌금과 30일간의 구금, 블랙리스트 등재, 여권 말소였다. 그런데 청문회 기간 중 세인들의 눈길을 잡아 끈 것은 의원들과 설전을 벌이는 아서 밀러가 아니라 그의 곁을 지킨 당시 할리우드 최고의 인기 배우 마릴린 먼로였다.

두 사람은 1951년 처음 만나 청문회 기간 중인 56년 6월에 결혼했다. 나이 차이뿐만 아니라 미국 지성계를 대표하는 문학가와 스크린을 주름잡는 섹스 심벌의 결합은 여러 모로 이색적인 것이었다. 카잔이 불러일으킨 공포가 확산 중인 할리우드에서 또 다른 좌파 혐의자인 아서 밀러와 사랑에 빠진다는 것은 마릴린 먼로에게 있어서 배우 생명을 포기해야 할지도 모를 일이었다. 더군다나 아서 밀러는 이름을 대라는 의원들의 요구를 끝까지 거부했다. 어떤 이들에게는 할리우드의 흔한 사랑 놀음으로 비쳐졌지만 먼로에게 있어서 이 사랑은 무엇보다도 '용기' 였다. 밀러와 먼로는 1961년 이혼했다. 둘의 결혼 기간은 마릴린 먼로에게 있어서는 가장 긴 결혼 생활이기도 했다.

_ 베트남 전쟁 반대를 비롯해 반전 운동에 주력

1965년 아서 밀러는 국제 문인 협회(PEN)의 의장으로 선출됐다. 그는 국제 문인 협회가 세계 문인들의 양심으로 다시 태어나야 한다고 주장했다. 실제로 그의 재임 기간을 거치면서 국제 문인 협회는 단순한 친목 단체에서 행동 그룹으로 변모했다. 이 기간 동안 그는 소련을 비롯한 동구 작가들의 창작의 자유 문제와 베트남 전쟁에 반대하는 활동에 주력했다. 특히 반전 운동은 1960년대 내내 그가 가장 많은 에너지를 투여한 활동이었다.

역설적이게도 그가 말년에 늙은 몸을 이끌고 동참했던 활동은 9 · 11 사건 이후 벌어진 전쟁과 공포에 대한 반대다. 2001년 12월 영국 BBC 방송과의 인터뷰에서 여든여섯의 이 노작가는 9 · 11 직후 미국이 취한 보복 공격과 이후의 반테러 전쟁 계획을 '인간성에 위배되는 전쟁'으로 규정하고 이에 반대한다는 의사를 분명히 했다. 그는 또한 미군의 군사 교도소에서 벌어지는 잔혹 행위와 미국이 힘으로 다른 나라 사람들의 시민권을 억압하는 것에 대해 우려를 나타냈다. 40년 전 그 자신이 체험했던 바로 그 '광기'의 재현을 경고한 것이다.

_윤재설

●● 아서 밀러 Arthur Miller, 1915~2005

미국 극작가. 유대인계 가정에서 태어나 가난한 소년 시절을 보내고 고등학교를 나온 후 접시닦기 · 사환 · 운전사 등 여러 직업을 전전하며 고학으로 미시간 대학교 연극과를 졸업했다. 재학 중에 쓴 몇 편의 희곡으로 상을 받았고 졸업 후 뉴욕에서 생활을 위하여 라디오 드라마를 쓰면서 희곡 창작을 계속했는데, 제2차 세계 대전 중의 군수산업의 경영자와 아들의 대립을 다룬 전쟁 비판적인 심리극 《모두가 나의 아들(All My Sons)》(1947)로 비평가 및 일반 관객의 절찬을 받았다. 이어 《세일즈맨의 죽음》(1949)으로 퓰리처상 및 비평가 단체상을 받고, 브로드웨이에서 2년간의 장기공연에 성공했다. 평범한 샐러리맨의 꿈과 현실과의 괴리에 부자(父子)간의 사랑을 곁들여, 회상 형식의 교묘한 무대 처리로 현대의 불안을 강렬하게 그려낸 이 작품으로 밀러는 전후 미국 연극계 제1인자의 지위를 획득했다. 17세기 뉴잉글랜드의 마녀재판을 주제로 한 《도가니(시련)(The Crucible)》(1953)는 그 당시 미국을 휩쓸었던 매카시 선풍을 풍자한 희곡이다. 그는 윌리엄스와 함께 미국 연극의 발전과 실험에 크게 이바지했으며, 그의 희곡은 대부분 미국인의 공통된 비극적 생활면을 주제로 한 점에서 큰 공감을 불러일으켰다.

21 로저 워터스_

5만의 이스라엘-아랍인
춤추게 한 좌파 로커

George Roger Waters

_ 한국의 신군부에 단단히 찍힌 록 밴드

국민들의 취미 생활까지도 통제하려 들었던 군사 독재 정권의 눈을 피해 청계천을 뒤지던 1970~1980년대의 음악광들이라면 핑크 플로이드라는 이름에 얽힌 추억 한두 개 정도는 어렵지 않게 떠올릴 것이다. 바늘을 올리면 노랫소리 반, 빗소리 반이던 조악한 음질의 '빽판'*을 대단한 보물이라도 되는 양 서로 돌려가며 듣던 또래들 사이에서 핑크 플로이드의 여러 앨범들은 단연 '필청' 음반이었다.

그중에서도 《더 월(The Wall)》은 '청계천 키드'들의 대화에 끼고 싶으면 반드시 섭렵해야만 하는 음반이었다. 비록 가사를 제대로 이해하고 들었던 사람은 거의 없었지만 이 앨범이 무언가 대단히 불온한 내용을 담고 있다는 것은 입소문을 통해 다들 익히 알고 있었다. 오죽하면 정권이 한두 곡 정도가 아니라 아예 앨범 전체를 금지시켜 버렸을까.

확실히 핑크 플로이드는 '정의 사회 구현'에 어울릴 만한 밴드는 아니었다. 게다가 그 밴드의 중심에 서 있던 로저 워터스는 스스로 사회주의자임을 선언한 자였다. 그런 의미에서 5공화국의 문화공보부는 주어진 임무를 완수하는 데 소홀함이 없었다.

---

* **빽판** : 정품으로 출시된 LP레코드를 불법 복제해 팔던 음반. 주로 금지곡이 이 방법으로 유통되었다.

당시 국내에는 '학교 교육에 대한 반항' 정도로 알려졌던 《더 월》은 그 이상의 복잡한 내용을 담고 있다. 그리고 그 내용의 반 이상은 로저 워터스 자신의 자전적인 이야기다. 《더 월》의 주인공인 '핑크' 와 마찬가지로 로저 워터스의 아버지는 제2차 세계 대전 때 전사했다. 아내가 출산하기 전에 입대한 아버지는 어린 아들이 생후 5개월이 됐을 때 이탈리아 전선에서 사망했던 것.

_ 이라크 전쟁으로 오랜 노동당 지지 철회

로저 워터스의 부모는 공산주의자였다. 비록 아버지의 얼굴 한 번 본 적 없었지만 부모의 영향은 어린 그를 일찍부터 사회주의에 눈 뜨게 만들었다. 스스로가 밝힌 바에 따르면 10대 시절 로저 워터스는 노동당의 청년 조직인 '청년 사회주의자(Young Socialists)' 의 캠브리지 지부 대표를 지냈다. 캠브리지는 그가 유소년 시기를 보낸 곳이다. 또한 1950년대 말 영국에서 반핵 운동인 핵무기 감축 캠페인(CND)이 거세게 일어났을 때 자신이 열정적으로 참여했다고 밝혔다. 그는 1990년대 후반 한 인터뷰에서는 현실 사회주의 국가들의 붕괴에 대해 "사회주의 이상이 생명을 다했고 하늘 위로 날아가 버렸다는 견해에 동의하지 않는다" 고 밝히기도 했다.

하지만 1967년 핑크 플로이드가 정식으로 데뷔한 이후 로저 워터스가 시위에 참가하거나 단체를 지원하는 형태로 공식적인 정치 활동을 벌인 적은 없다. 어린 시절부터 노동당의 지지자였지만 그마저도 블레어의 정치와 이라크 전쟁을 계기로 지지를 철회했다. 2003년 독일 언론과의 인터뷰에서 그는 "영국에 노동당이라는 정당은 더 이상 존재하지 않는다. 오직 보수당과 또 다른 보수당만이 있을 뿐이다. 보수당은 보수당이라고 불리고 다른 보수당은 '신노동당'이라고 불린다. 그 사람들(신노동당)이 무슨 주장을 하건 간에 말이다"라며 격한 감정을 드러내기도 했다. 당연한 것인지도 모르지만 그의 사상적 지향은 현실 정치가 아니라 음악 활동을 통해서 표현됐다.

너무나도 유명한 핑크 플로이드의 1973년도 앨범 《달의 암흑면(Dark Side Of The Moon)》은 경제학보다는 사회학에 더 가까운 작품이다. 그러나 이 앨범을 관통하는 여러 주제들 중 하나가 '자본주의'라는 데 이의를 제기할 사람은 없다.

앨범의 수록곡 중 하나인 〈돈(Money)〉은 노골적으로 자본주의의 원초적인 토대에 대해 노래하고 있다. 마르크스가 《자본》을 쓰면서 제1장을 '상품과 화폐'로 시작했듯이 핑크 플로이드도 돈에 대한 사람들의 여러 가지 상반된 태도를 나열하며 현대인들의 왜곡된 욕망을 그렸다. 이어지는 노래 〈우리와 그들(Us And Them)〉은 나와 너, 가난한 자와 그렇지 않은 자, 흑과 백 같은 분열과 대립을 노래한다. 요컨대 바리케이드의 이쪽 편과 저쪽 편으로 구분된 세계를 그리고 있는 것이다. 이 앨범에 실린 마지막 노래 〈월식(Eclipse)〉은 더 의미심장하다. 이 노래의 마지막은 이렇다. "태양 아래 모든 것은 조화를 이룬다. 그러나 태양 자체는 달에 의해 잠식된다." 다시 한번 마르크스를 동원하면, 그가 《공산당선언》에서 "모든 단단한 것들이 허공 속으로 사라진다"고 표현한 현대 사회의 불안과 동요가 이 노랫말에 그대로 겹쳐진다.

1977년에 발표된 앨범 《동물들(Animals)》은 개, 돼지, 양을 통해 각각의 사회 계급을 풍자하고 있다. 3년 뒤에 나온 《더 월》은 더 복잡한 주제들을 다루고 있다. 오이디푸스 콤플렉스에서부터 전쟁, 억압적 사회체제, 전체주의, 붕괴를 통한 재건까지. 반대로 《더 월》의 후속작인 앨범 《최후의 일격(Final Cut)》에서는 주제를 전쟁으로 좁혀서 이야기를 풀어나가고 있다. 《최후의 일격》은 1982년 영국과 아르헨티나가 치른 포클랜드 전쟁에 대한 로저 워터스의 비판 성명이기도 하다. 이 앨범을 마지막으로 그는 핑크 플로이드를 탈퇴했다.

_음악은 세계를 반영하는 거울

전쟁은 로저 워터스가 생애에 걸쳐 꾸준히 제기하고 있는 주제이다. 솔로로 전향한 뒤에도 핵전쟁을 다룬 애니메이션 〈바람이 불 때(When the Wind Blows)〉의 사운드 트랙을 제작하는가 하면 2004년에는 이라크 전쟁을 비판한 노래 〈아이들 죽이기(To Kill The Child)〉와 〈베이루트를 떠나며(Leaving Beirut)〉를 녹음해 인터넷을 통해 무료로 배포했다. 그는 이라크 전쟁이 일어나자마자 이 두 곡을 작곡했지만 2004년 미국 대선 직전까지 공개를 늦췄다. 부시의 낙선에 조금이라도 힘을 보태기 위해서였다. 이 노래에서 그는 부시 대통령과 블레어 총리를 강한 어조로 비난했다. 이 두 곡을 제외하면 로저 워터스의 최근작은 놀랍게도 정통 오페라였다. 프랑스 대혁명을 다룬 3막짜리 오페라 〈싸 이라(Ca Ira)〉는 2005년 초연됐고 평단의 환영을 받았다.

로저 워터스는 2006년 6월 팔레스타인에서 공연을 가졌다. 오랫동안 이스라엘의 점령 정책을 비판해 온 이 노장 뮤지션의 공연에는 아랍인과 유대인을 합해 5만 명의 관객이 모여들었다. 무대에 오른 그는 이스라엘이 팔레스타인인들을 분리하기 위해 설치한 장벽을 향해 《더 월》에 들어있는 그 유명한 노랫말을 목청껏 외쳤다. "벽을 허물어라(Tear down the wall)!"

_윤재설

●● 로저 워터스 George Roger Waters, 1943~

영국 가수. 핑크 플로이드의 베이시스트로 활동하다 1985년 탈퇴했다. 핑크 플로이드라는 이름은 블루스 연주자 핑크 앤더슨(Pink Anderson)과 플로이드 카운실(Floyd Council)에서 딴 것인데, 1965년 결성된 이후 멤버가 몇 차례 바뀌거나 재결합하기도 했고 밴드 이름 소유권을 두고 법적 시비를 하기도 했다. 로저 워터스는 앨범 《Animals》 이후 밴드의 두 번째 리더 역할을 하며 사회적 메시지가 강한 자신의 음악 세계를 보여 주었다. 솔로 데뷔 앨범인 《When the wind blows》(1986)은 같은 이름을 가진 반전 애니메이션의 사운드 트랙이다. 이후 핵전쟁의 위협을 경고하거나 걸프전을 둘러싸고 전쟁과 미디어에 비판적 입장을 취하는 등 음악을 통해 꾸준히 반전 메시지를 전달했다. 1992년 앨범 발표 이후 모습을 드러내지 않다가 1999년 여름 전미 투어를 성황리에 마쳤다.

22 로버트 오펜하이머_

과학자의 양심 지킨
원자 폭탄의 아버지

John Robert Oppenheimer

_ 미국의 은인에서 미국의 적으로

"트루먼 대통령, 제 손에는 원폭 희생자들의 피가 묻어 있습니다." 1946년 히로시마와 나가사키에 떨어진 원자 폭탄을 개발하는 데 결정적 역할을 한 로버트 오펜하이머 박사가 미군의 최고 지휘관인 대통령에게 한 말이다. 원폭의 아버지라 불린 오펜하이머는 평생 자신의 손으로 만든 '자식'들인 핵폭탄을 증오하며 살았다. 자기가 만든 핵병기의 가공할 위력을 보고 충격을 받은 그는 핵무기 반대 운동을 통해 22만 원폭 희생자들에게 속죄하고자 한 것이다. 미국인들에게 오펜하이머는 원자 폭탄을 개발해 일본의 항복을 앞당기고 수많은 미군 병사들의 목숨을 지킨 미국의 은인이었지만, 핵무기에 대해 그가 적대적 태도를 보이자 오히려 그를 '미국의 적'으로 몰아붙였다. 이로 인해 그는 온갖 고초와 수모를 겪었다.

로버트 오펜하이머는 1904년 뉴욕에서 태어났다. 하버드를 졸업한 후 그는 더 많은 공부를 위해 유럽으로 유학 길에 올랐고, 유럽 학자들과의 교류를 통해 자신의 학문을 넓히고 독창적인 연구 성과를 올리며 학계의 주목을 받기 시작했다. 그러나 그는 공부밖에 모르며 세상일에는 담을 쌓고 사는 전형적인 공붓벌레였다.

그런 그가 이론 물리학 바깥의 영역에 눈을 돌리기 시작한 것은 1936년 한 여학생을 만나면서부터였다. 당시 캘리포니아 대학 버클리 캠퍼스의 물리학과 교수였던 그는 스탠퍼드 심리학과에 다니던 진 태틀록이라는 여학생과 사랑에 빠진 것이다. 진 태틀록은 미국 공산당 당원으로 오펜하이머에게 문학과 사회주의라는 다른 세계를 가르쳐 주었다. 둘은 결혼을 계획했지만 사랑은 끝내 이루어지지 못했다. 진 태틀록은 1944년 자살했다.

오펜하이머를 급진주의자로 만든 다른 요인은 미국과 세계를 휩쓴 대공황이다. 그는 유복한 가정에서 태어나 생계 걱정 없이 연구에 전념할 수 있었다. 그러나 대공황으로 고통 받는 진 태틀록의 가족을 보면서 이전까지 자신이 안주했던 '연구실 안에서의 연구'에 대해 회의를 품게 됐다.

1937년 아버지가 사망하자 재산의 대부분을 상속받은 오펜하이머는 자신이 소유한 부를 미국 안팎의 좌파 활동에 기부했다. 특히 에스파냐 내란 당시 공화군과 인민전선 정부를 돕는 일에 힘을 쏟았다. 에스파냐 내란뿐만 아니라 파시즘에 반대하는 활동에 열정을 쏟았는데 이는 오펜하이머 자신이 그다지 종교적인 인물은 아니었지만 어쨌든 유대인이었고, 또 유럽에서 만났던 많은 유대인 학자들이 나치의 박해를 피해 미국으로 망명해 오는 것을 보고 파시즘의 위험을 일찍부터 간파했기 때문이다. 그가 핵무기의 개발에 매진했던 것도 단지 학자로서의 호기심만은 아니었다.

오펜하이머는 1940년 캐서린 해리슨과 결혼했다. 캐서린 해리슨은 에스파냐 내란에 국제 의용군으로 참전했다 전사한 미국 공산당원의 미망인이었으며 그녀 또한 당원이었다. 로버트 오펜하이머의 친동생이며 역시 물리학자인 프랭크 오펜하이머도 1930년대에 공산당에 입당했다. 오펜하이머 연구실의 대학원생 다수가 또한 당원이었다. 이러한 배경에도 불구하고 오펜하이머 자신은 입당을 한 적이 없다. 그러나 공산당원을 비롯한 급진주의자들과 교류하고 그들의 활동을 꾸준히 지원했다.

_수소폭탄 개발을 막기 위해 고군분투

1945년 7월 16일 미국은 4년간의 노력 끝에 인류 최초의 핵폭발 실험에 성공했다. 그러나 맨해튼 프로젝트*를 진두지휘했던 오펜하이머는 성공의 기쁨보다는 핵폭발이 보여 준 무시무시한 힘에 공포를 느꼈다. 그는 후에 당시의 폭발을 지켜보며 머릿속에서 힌두교 경전인 《바가바드기타》에 나오는 구절을 떠올렸다고 한다. "이제 나의 이름은 죽음이며, 세상의 파괴자이니라." 동생 프랭크도 그가 실험의 성공 후 전혀 기뻐하지 않았다고 전했다.

---

* **맨해튼 프로젝트** : 미국 정부가 제2차 세계 대전 중 비밀리에 추진한 원자 폭탄 제조 계획

한 달도 안 지나서 완성된 두 개의 원자탄이 일본에 떨어졌고 태평양 전쟁이 끝났다. 트루먼 대통령은 1946년 정부 기구인 원자력 위원회(AEC)를 구성해 핵 개발과 통제를 군부에서 민간에게로 넘겼다. 그는 미국의 핵 독점 지위가 지속될 것으로 낙관해 핵을 민간에게로 넘긴 것이다. 오펜하이머도 같은 생각이었다. 그는 핵 확산과 군사적 이용을 막아야 한다고 생각하는 동시에 인간이 핵을 현명하게 통제할 수 있을 것이라고 낙관했다. 그래서 원자력 위원회의 출범과 함께 거기에 결합했다.

그러나 예상과 달리 소련을 비롯해 영국, 프랑스의 핵 개발이 빠르게 진행되자 무언가 잘못되고 있다고 느꼈다. 오펜하이머는 1948년 "미국의 핵 독점은 햇볕 아래 내놓은 얼음 덩어리 신세"라며 미소의 핵 무장 경쟁을 예견했다. 이듬해 소련이 첫 번째 핵 실험에 성공했고 이에 놀란 미국은 한 단계 높은 핵무기인 수소 폭탄의 개발에 박차를 가했다. 오펜하이머는 수소 폭탄 개발에 강하게 반대했다. 단순히 반대 의견을 정부에 제출하는 것이 아니라 자신이 동원할 수 있는 모든 수단을 동원해 수소 폭탄의 개발을 막으려 했다. 그 결과 1949년 엔리코 페르미 같은 저명한 과학자들이 오펜하이머보다 더 강한 어조로 수소 폭탄의 개발에 반대하는 의견서를 발표했다.

백방의 노력에도 불구하고 미국은 한 단계 높은 핵 무장에 성공했고 "미국의 수소 폭탄 독점은 순식간에 끝날 것"이라는 오펜하이머의 예측대로 소련도 수소탄 개발에 성공했다. 인류가 핵을 평화적으로 이용할 수 있을 것이라는 그의 낙관주의는 이제 설 자리를 잃었다. 더군다나 예상치 못했던 고난이 그를 기다리고 있었다.

새로 대통령이 된 아이젠하워는 오펜하이머를 원자력 위원회에서 추방했다. 명분은 '보안 문제'였다. 그의 좌파적 성향이 이유였다. 그리고 시대는 매카시즘이라는 이름의 마녀 사냥을 벌이고 있었다. 이미 FBI 국장인 에드거 후버는 전쟁 이전부터 오펜하이머 부부와 형제를 주목하며 내사를 벌여온 터였다. 먼저 동생 프랭크가 하원 비미(un-America) 활동 위원회에 끌려가 미국에 대한 충성 서약과 동료들의 이름을 불 것을 강요받았다. 이를 거부한 프랭크 오펜하이머는 대학에서 추방됐다.

오펜하이머는 1953년 청문회에 소환됐다. 청문회는 그의 소소한 개인사까지 들춰내며 핵에 대한 정보를 좌파에 연루된 친구들에게 흘리지 않았는지 추궁했다. 청문회는 동료들의 이름을 넘기라고 강요했다. 1951년 로젠버그 부부가 소련에 핵 관련 기밀을 넘겼다는 간첩 혐의로 체포돼 사형이 선고됐고, 오펜하이머의 청문회가 진행 중일 때 사형이 집행됐다는 것을 생각해 보면 당시 청문회가 얼마나 살벌한 분위기에서 진행됐을지 짐작할 수 있다.

오펜하이머가 청문회의 요구를 끝까지 거부했고, 그의 소환에 대해 미국 과학계의 다수가 분노했기 때문에 공직 추방이나 기소는 피할 수 있었다. 그러나 평생 조국을 위해 공헌했던 과학자에게 조국이 안겨준 치욕은 실로 '핵폭탄' 급이었다. 구명 운동에 참여했던 과학자 중 한 명인 로켓의 아버지 폰 브라운은 "영국이었다면 기사 작위를 받았을 분"이라는 말로 미국인들의 이해할 수 없는 행동을 비난했다.

_독단과 독선은 과학이 아니다

오펜하이머는 1947년 알버트 아인슈타인의 뒤를 이어 민간 연구 기관인 프린스턴 고등 연구소의 책임을 맡았다. 이곳에서 그는 1966년까지 과학사, 과학자의 책임, 과학과 사회의 관계에 대해 연구하다가 이듬해 사망했다. 케네디 대통령은 1963년 그에게 엔리코 페르미상을 수여해 매카시즘 기간 동안 미국 정부가 그에게 범한 과오를 간접 사과했다. 하지만 미국의 보수주의자들은 지금도 잊을 만하면 오펜하이머 소련 간첩 설을 제기하는 부관참시를 저지르고 있다.

오펜하이머는 전쟁을 끝내려고 만든 무기가 사실은 인류를 끝장

낼 괴물임을 알고 좌절했다. 그러나 자기가 저지른 오류를 자기 손으로 수정하고 인류에 속죄하기 위해 노력했다. 또한 과학자의 양심과 책임이 연구자의 권리가 아니라 사회적 의무임을 일깨우기 위해 남은 평생을 바친 과학자로 기억되고 있다.

"자유로운 탐구에 장애물이 있어서는 안 된다. 과학에 독단과 독선이 자리 잡아서도 안 된다. 과학자는 자유로워야 한다. 자유롭게 의문을 제기할 수 있어야 하고, 어떠한 주장도 의심할 수 있어야 하며, 증거를 찾는데 한계를 둬서는 안 된다. 그리고 무엇보다 어떠한 오류도 망설임 없이 수정해야 한다."

_윤재설

●● 로버트 오펜하이머 John Robert Oppenheimer, 1904~1967

미국의 이론 물리학자. 1925년 하버드 대학교를 졸업하고 케임브리지 대학교, 괴팅겐 대학교에 유학했고 캘리포니아 대학교와 캘리포니아 공과대학 교수가 되었다. 제2차 세계 대전 중에는 로스-앨러모스 연구소장으로서 미국의 원자폭탄 제조 계획의 책임자로서 핵무기 개발을 진두지휘했고 전후 원자력 위원회 일반 자문 위원회 의장, 프린스턴 고등 연구소장을 지냈다. 수소 폭탄 개발에 반대했던 그는 매카시즘이 미국을 휩쓸던 1954년 출국 금지와 보안 부적격이라는 유죄 평결을 받고 공직에서 추방되었다. 이론 물리학자로서 분자에 대한 양자역학과 산란의 문제, 양자전기역학, 우주선, 원자핵론에 이르기까지 광범위한 연구를 했으며, 무거운 별에 관한 이론, 우주선 속에서 관측된 새 입자가 양전자 · 중간자라는 사실의 지적, 우주선 샤워의 메커니즘, 핵반응에서의 중간자의 다중발생, 중양성자 핵반응 등의 업적을 남겼다. 1963년 엔리코 페르미 상을 받았고, 주요 저서로 《The Open Mind, Science and the Common Understanding》(1954)이 있다.

23 베르나르도 베르톨루치 _
공산당도 외면한
낭만적 마르크스주의자

Bernardo Bertolucci

_ 이탈리아 마르크스주의 영화의 계보를 잇다

1988년 제60회 아카데미상 시상식에서 베르나르도 베르톨루치는 영화 〈마지막 황제(L' ultimo Imperatore)〉로 감독상을 수상했다. 〈마지막 황제〉는 이탈리아인인 그가 활동 무대를 할리우드로 옮기고 영어로 제작한 첫 번째 영화였다. 그리고 그는 엘리아 카잔 이후 30여 년 만에 아카데미상을 수상한 마르크스주의자 영화감독이었다.

1940년에 태어난 베르톨루치는 유명한 시인이었던 아버지의 영향으로 열다섯 살 때부터 시를 쓰기 시작했다. 20대를 시작할 무렵에는 이미 작가로 이름이 알려졌다. 그는 아버지를 통해 파올로 파졸리니를 알게 됐고 1961년에는 파졸리니의 조감독으로 영화계에 발을 들여놓았다. 이듬해에는 자신이 감독한 첫 작품 〈냉혹한 사신〉을 발표하면서 영화 작가의 인생을 시작했다. 그러나 영화감독으로서 그의 이름을 사람들에게 각인시킨 작품은 두 번째로 제작한 〈혁명전야〉였다. 1964년에 공개된 이 작품을 통해 베르톨루치는 자신이 낭만적인 마르크스주의자임을 공표했다. 동시에 소부르주아 계급 출신이라는 신분과 사상의 불일치에서 오는 불안감을 노출했다. 이는 이후 오랫동안 그의 영화에서 반복된 주제이기도 하다.

베르톨루치는 이탈리아뿐만 아니라 전 세계가 혁명의 열정으로 충만했던 1968년에 이탈리아 공산당(PCI)에 입당했다. 앞서 이야

기한 파졸리니뿐만 아니라 루키오 비스콘티처럼 네오리알리스모*
로 대변되는 이탈리아 영화계는 좌익의 영향이 강한 영역이었다.
그러나 베르톨루치는 이탈리아의 선배들만큼이나 이웃 프랑스의
좌익 영화 작가 장 뤽 고다르의 영향을 강하게 받았다. 영화뿐만이
아니었다. 그는 고다르처럼 당시 급진적인 청년들을 사로잡던 마
오쩌둥주의**를 수용했다.

공산당에 입당한 베르톨루치는 정치적인 영화를 만드는 데 그치
지 않고 영화와 정치를 직접 결합시키기 위해 고민했다. 1971년 베
르톨루치는 공산당계 노총인 이탈리아 노동자 총연합(CGIL)에 소
속된 보건 노동자들의 도움을 받아 16밀리 흑백 카메라를 숨긴 채
로마의 공공병원에 잠입했다. 기독교민주당 시 정부가 운영하는 공
공 의료 시설의 열악한 환경과 의료 실태를 몰래 촬영하기 위해서
였다. 결국 30분 만에 들통이 나 병원에서 쫓겨났지만 이 30분짜리
필름으로 베르톨루치는 〈가난한 사람은 빨리 죽는다〉는 미니 다큐
멘터리 영화를 제작했다. 이 영화는 그해 로마 시 의회 선거를 위해

---

* **네오리알리스모** : 제2차 세계 대전 직후 빈곤과 기아로 고통 받는 패전국 이탈리아 영화에 나타
난 새로운 리얼리즘 미학. 이후 누벨바그나 뉴웨이브 영화에 영향을 미쳤음.

** **마오쩌둥주의** : 마오이즘. 중국 공산당 지도자 마오쩌둥이 마르크스-레닌주의를 중국 현실에
맞게 계승·발전시킨 독자적 혁명 사상.

만들어진 것으로 선거 운동 중 공산당원들은 거리에서 즉석으로 영화를 상영했다. 이 영화는 그의 공식 작품 목록에 기재되지 않았다.

이 시기에 제작한 두 편의 영화 〈거미의 전략〉과 〈순응자(The Conformist)〉는 파시즘의 문제를 정면에서 다루었다. 각각 1970년과 1971년에 제작된 이 두 영화는 편집을 비롯해 영화 전반에 걸쳐 68년 혁명의 들뜬 분위기가 물씬 배어 있는 작품이다.

이어서 공개된 영화가 그의 이름을 세계에 알리면서 동시에 수많은 논란을 불러일으킨 〈파리에서의 마지막 탱고(Ultimo Tango A Parigi)〉였다. 말론 브란도라는 대배우의 출연과 함께 적나라한 성적 묘사는 이탈리아 국내뿐만 아니라 수많은 나라에서 상영 허가 여부를 놓고 논쟁이 벌어지게 만들었다. 우여곡절 끝에 스크린에 걸린 나라들에서도 대부분 검열 당국의 가위질을 피할 수 없었다. 심지어 본국인 이탈리아에서는 상영은 고사하고 검열 당국이 존재하는 모든 필름 사본을 폐기하라고 명령했다. 또한 법원은 베르톨루치의 공민권을 5년간 정지시키고 집행유예 4년을 선고했다. 상영 금지 조치는 1986년까지 지속됐다. 이탈리아는 1970년에 이르러서야 이혼이 합법화될 만큼 가톨릭의 사회적 영향이 강한 나라다.

이때의 경험을 놓고 베르톨루치는 "나는 어떠한 형태의 검열에도 반대한다. 이는 내 인생에서 무엇보다도 중요한 주제다"라고 말했다. 그는 〈파리에서의 마지막 탱고〉로 아카데미 감독상 후보에 올랐다. 할리우드는 논란에도 불구하고 그의 연출과 작품을 지지하는 듯이 보였다. 그러나 도덕이라는 이름의 검열과 싸워야 했던 그에게 이번에는 자본과 정치라는 다른 이름의 검열이 기다리고 있었다.

_ 검열에 맞선 길고 외로운 투쟁

〈파리에서의 마지막 탱고〉에 이어 1976년 공개된 〈1900년 (Novecento)〉은 여러 가지 의미에서 대작이었다. 일단 영화의 시공간은 1900년에서 시작해 이탈리아 북부가 파시스트들에게서 해방되는 1945년까지 계속된다. 그리고 이후의 이야기를 생략한 채 영화의 두 주인공이 노인이 되어 죽는 현재(영화에서는 1970년대 후반)까지 이어진다. 이탈리아의 현대사를 관통하는 대하드라마인 만큼 등장인물의 수도 엄청났다. 배역도 로버트 드니로, 제라르 드 파르디유, 버트 랭카스터, 도널드 서덜랜드 등 미국과 유럽의 쟁쟁한 스타들로 채워졌다.

이 장대한 이야기의 촬영을 마치고 베르톨루치가 편집한 필름은 상영 시간이 5시간 18분이었다. 도저히 극장에서 상영할 수 없다고 판단한 제작자는 임의로 3시간짜리 편집본을 제작했다. 제작자에 의해 영화가 훼손되는 것을 막기 위해 베르톨루치는 4시간 50분짜리 편집본을 만들어 대항했다. 결국 법원의 중재로 4시간 15분짜리 편집본을 만들기로 했다. 그런데 이번에는 미국 배급을 맡은 파라마운트가 4시간 15분도 너무 길다며 배급 포기를 선언했다.

이 영화가 칸에서 공개되고 호평을 받자 미국 내에서도 개봉에 대한 요구가 커졌다. 우여곡절 끝에 파라마운트는 영화를 배급했지만 홍보를 거의 하지 않는 등 의도적으로 흥행 실패를 유도했다. 평론가들은 "파라마운트가 〈1900년〉의 미국 개봉을 막기 위해 개봉했다"고 분석했다. 베르톨루치는 1990년대 들어 이 영화의 5시간짜리 감독 편집판을 복원했다.

〈1900년〉의 고난은 여기서 그치지 않았다. 이 영화는 같은 날 지주의 아들로 태어난 알프레도와 소작농의 아들로 태어난 올모라는 두 친구를 통해 이탈리아 현대사를 되돌아보는 시도였다. 올모는 공산주의자로 반파시스트 빨치산이 되고, 알프레도는 신분과 상황에 밀려 파시즘을 돕게 된다. 그리고 그들 사이에는 농장 관리인 출신이며 자발적인 파시스트인 아틸라가 있다. 마치 조정래의 소설 〈태백산맥〉을 연상시키는 이야기 구조다.

베르톨루치는 이 영화를 이탈리아 공산당에 바쳤다. 그러나 영화의 마지막, 1945년까지 파시스트에 의해 점령돼 있던 이탈리아 북부가 해방되던 날 산에서 내려온 빨치산들이 파시스트의 앞잡이들을 체포해 인민재판을 여는 장면이 문제가 됐다. 그것도 다름 아닌 공산당에 의해서 말이다. 공산당은 1945년 당시 당은 인민재판을 지시한 적이 없으며 또한 실제로 재판이 일어나지도 않았다고 주장했다. 또한 공산당은 반파시즘 투쟁을 통해 지배 계급을 전복할 의사가 전혀 없었다며 영화를 부정했다. 공산당 계열의 출판물들은 무시에 가까울 정도로 영화에 대해 침묵했다.

1970년대 후반 이탈리아 공산당은 독자적인 집권 노력을 포기하고 기민당과의 대연정을 성사시킨다는 이른바 '역사적 타협'을 추진하고 있었다. 아무리 노력을 해도 선거에서 공산당이 다수파가 되지 못하는 현실과 설사 성공한다 하더라도 칠레처럼 쿠데타가 일어날 것이라는 전망에서 나온 노선 전환이었다. 그런 사정 속에서 부르주아의 심기를 건드리는 영화가 달갑지 않았던 것이다. 공산당 우파의 지도자였던 조르지오 아멘돌라는 공개적으로 〈1900년〉이 마음에 들지 않는다고 선언했다.

이에 대해 베르톨루치는 "당신들은 1945년에 지배 계급을 심판할 힘도 없었고, 30년이 지난 지금에는 영화 속에서 처단 장면을 보는 것조차 두려워한다"고 비판했다. 이 사건이 계기가 됐는지 그는 1978년 무렵 탈당했다. 베르톨루치는 후에 공산당뿐만 아니라 부패와 냉소주의가 만연한 이탈리아 자체를 참을 수 없었다고 고백했다.

_과거를 부정하는 공산당에 실망

〈1900년〉으로부터 10년 뒤 베르톨루치는 중국으로 날아갔다. 중국 당국이 할리우드 자본에 자금성 촬영을 허용한 것은 그의 마오쩌둥주의 배경과 인맥 덕분이라는 이야기가 나도는 가운데 〈마지막 황제〉는 〈1900년〉보다 더 큰 규모로 제작됐다. 당시에는 영화 속에서 묘사된 중국 혁명, 문화 혁명 등을 통해 여전히 베르톨루치가 정치적인 주제를 다루고 있다는 분석이 주를 이뤘다.

그러나 이미 그의 시선은 동양적 신비주의에 경도되고 있었다. 〈마지막 황제〉 이후 그의 영화 경력은 종종 오리엔탈리즘이라는 비판을 들을 정도였다. 라마교(티베트 불교)를 다룬 〈리틀 부다(Little Buddha)〉에 이르러서는 그가 마르크스주의를 버리고 불교에 귀의했다는 이야기가 나올 정도였다. 확실히 그의 시선이 1960~1970년대의 영화들과 다른 곳을 바라보고 있다는 것은 영화 외의 부분에서도 드러났다. 지난 2004년 한 인터뷰에서 그는 "나는 영화에 메시지를 담아 전달하지 않는다. 그건 우체국의 역할이다"고 밝혔다.

1990년대 후반, 새로운 천년을 앞두고 베르톨루치는 두 가지 계획에 대해 자주 언급했다. 1945년으로 이야기가 끝난 〈1900년〉의 후속편을 찍고 싶다는 것과, 그에 앞서 1968년을 다룬 영화를 만들겠다는 것이다. 그는 "요즘 젊은이들은 68년의 아이들이야말로 자신들의 부모 세대임에도 그때 무슨 일이 있었고, 우리가 어떤 희망을 품고 있었는지 너무 모른다. 요즘 아이들과 함께 영화를 통해 이상과 반항의 68년으로 돌아가고 싶다"는 소망을 자주 내비쳤다.

아마도 2003년 개봉한 〈몽상가들〉이 바로 '68년으로 돌아가기'에 해당하는 작품이었을 것이다. 〈몽상가들〉을 완성하고 나서 그는 1960년대를 이렇게 회상했다. "젊은 우리들은 그 시절 미래에 대해확신했고 희망을 이해하고 있었다. 그랬기에 우리는 세상을 꿈꾸고 또 바꿀 수 있었다. 요즘 젊은이들에게 빠진 것이 이런 상상력이다."

이 영화를 통해 베르톨루치는 오랜 우회 끝에 〈파리에서의 마지막 탱고〉에서 다룬 주제와 장소(파리)로 돌아왔다. 이제 그에게 남은 다른 반쪽의 계획은 1945년 이후 이탈리아의 현대사, 특히 1960년대 격동하는 이탈리아에 관한 영화다. 그리고 그 영화는 무엇보다도, 감독 자신의 이야기가 될 것이다. _윤재설

●● 베르나르도 베르톨루치 Bernardo Bertolucci, 1940~

이탈리아의 영화감독. 로마 대학교에서 근대 신학을 공부하고 스물네 살에 젊은 좌파 지식인들의 패배감을 다룬 〈혁명전야(Prima della Rivoluzione)〉(1964)를 만들어 칸 영화제에서 호평을 받았다. 어렸을 때 동성애자에게 강간당할 뻔했던 기억 때문에 자신이 정상인임을 증명하기 위해 시대의 대세인 파시즘을 받아들인 인물을 다룬 작품 〈순응자〉(1970)가 세계적으로 주목받았다. 〈파리에서의 마지막 탱고〉(1972)는 파격적인 성행위 묘사로 상영이 금지되고 에로티시즘 논쟁을 폭발적으로 불러일으켰지만, 이 영화가 흥행에 성공함으로써 그는 4시간이 넘는 대작 〈1900년〉(1976)을 만들 수 있었다. 이 영화는 동갑내기인 지주와 소작농의 아들의 삶을 통해 굴곡 많은 이탈리아 현대사를 보여준 작품이다. 청나라 마지막 황제 푸이의 자서전을 영화화한 〈마지막 황제〉(1987)로 아카데미 영화제에서 9개 부문상을 휩쓸었고, 그 후 부처의 젊은 시절을 다룬 〈리틀 부다〉(1994) 등을 만들었다.

자국 외교 정책 당당히 비판하는 할리우드 인기 배우

대니 글로버와
차베스 베네수엘라 대통령

_제3세계에 관심 가진 할리우드의 진보주의자

우고 차베스 베네수엘라 대통령은 미국 보수 진영들에게 '지구의 적' 또는 '라틴 아메리카의 후세인'으로 간주되는 인물이다. 그런 그가 2006년 9월 UN 총회 연설을 위해 뉴욕에 발을 디뎠을 때, 보수파들의 심기가 얼마나 불편했을지 짐작하기 어렵지 않다. 그런데 정작 분노의 화살은 차베스가 아니라 엉뚱한 인물에게 집중됐다. 바로 우리에게도 잘 알려진 할리우드 배우 대니 글로버를 향해 이성을 잃은 미국 우익들은 저주에 가까운 욕설을 쏟아냈다.

발단은 차베스 대통령이 뉴욕의 흑인 빈민가인 할렘을 방문했을 때 대니 글로버가 자청해서 안내를 맡았기 때문이다. 글로버는 이날 차베스를 '친구'라고 부르며 베네수엘라 민중과 미국 빈민의 연대를 이야기했다. 보수 진영의 매체와 블로그에는 대니 글로버를 '배신자', '수치스러운 미국인', '위험한 공산주의자'라고 공격하는 글들이 줄을 이었다. 대니 글로버는 이미 같은 해 1월 미국의 진보적인 가수인 해리 벨라폰테가 이끄는 미국 대표단의 일원으로 베네수엘라를 방문해 차베스 대통령을 만났다. 이 방문을 통해 그는 당시 진행되고 있는 베네수엘라의 변화를 보고 깊은 감명을 받았다고 한다.

대니 글로버라는 이름만으로는 그가 누군지 잘 떠오르지 않는다면 국내에서 흥행에 성공했던 영화 〈리썰 웨폰(Lethal Weapon)〉

시리즈에서 멜 깁슨과 함께 짝을 이루었던 흑인 배우를 기억하면 된다. 그는 할리우드 블록버스터 영화에서 주연을 맡을 수 있는 많지 않은 흑인 배우들 중의 한 명이다. 인기 배우로서의 삶과 함께 그를 따라다니는 또 다른 삶은 바로 정력적인 활동가로서의 역할이다. 여전히 미국의 일반적 기준보다 훨씬 더 자유주의적인 전통이 강한 할리우드지만 그 안에서도 대니 글로버는 유독 실천 지향적인 인물로 소문이 나 있다.

현재 할리우드 진보주의자의 대표로 잘 알려진 인물은 팀 로빈스-수잔 새런든 부부지만 사실 글로버는 이들 부부를 합친 것보다 더 왕성한 활동을 벌이고 있다. 또한 미국 안의 사회 문제에 대해서만 목소리를 내는 다른 할리우드 자유주의자들과 다르게 그는 아프리카, 라틴 아메리카 등 제3세계의 문제에 대해서도 항상 깊은 관심을 보이고 있다.

그의 이런 면모는 2003년 포르투 알레그레에서 열린 세계 사회 포럼에 출석하면서 전 세계에 알려졌다. 이 자리에서 글로버는 제3세계의 경제 문제와 함께 이 지역에 대한 미국의 외교 정책을 강하게 비난했다. 글로버는 이전부터 아프리카, 카리브 해 연안, 라틴 아메리카에 대해 지원하고 연대하는 미국 흑인들의 단체인 트랜스아프리카 포럼(TransAfrica Forum)의 의장을 맡고 있다. 또한 2005

년부터는 반전 운동가인 타리크 알리, 정보 공유 운동가인 리처드 스톨만 등과 함께 베네수엘라에 기반한 진보적인 라틴 아메리카 위성 방송인 텔레수르(teleSUR)에 자문 위원으로 참여하고 있다. 그가 반세계화 운동에 대해 어떤 시각을 가지고 있는지는 더 이상 설명할 필요가 없을 것이다.

_흑인 민권 운동을 넘어 제3세계 연대로

사회 문제에 대해 발언하는 대니 글로버의 용기는 '정치에 관심이 있는 영화배우'의 수준을 뛰어 넘은지 오래다. 미국인들에게 9·11 테러의 기억이 여전히 현재진행형으로 남아 있던 2001년 11월 프린스턴 대학 캠퍼스에서 열린 사형 폐지 촉구 집회에 연사로 참석한 그는 군중들을 향해 "평범한 죄수건 오사마 빈 라덴이건 사형이 비인간적이라는 나의 주장에는 변함이 없다"고 외쳤다. 미국 정부가 빈 라덴의 목에 현상금을 걸어놓은 지 얼마 안 지난 때였다. 같은 시기 미국에서 아랍인에 대한 증오가 넘쳐났을 때 그는 아랍인들과 아랍계 미국인들에 대한 인종주의를 경고하고 나섰다. 이후 부시 정권이 저지르고 있는 전쟁에 대한 반대는 그의 주된 활동이 됐다.

2002년 쿠바에서 열린 국제 라틴 아메리카 영화제(International Festival of New Latin American Film)에 참석해 "우리(미국) 정부는

스스로를 경쟁자가 없는 제국으로 선언하고 전 세계에 대한 제국주의적 지배를 강화하고 있다"고 비난했다. 또한 수 년 간의 경제 제재로 이라크의 여성과 아이들이 고통받고 있다며 미국을 비난했다. 대니 글로버는 가장 활동적인 미국 반전 운동 단체인 '앤서 (A.N.S.W.E.R.)'의 지지자로 이라크 전쟁 이후 열린 주요한 반전 집회에는 반드시 참가하고 있다.

이미 부시 행정부를 비롯해 미국 내 보수파들에게 미운 털이 박힐 대로 박힌 대니 글로버에 대한 보복으로 우익들은 2003년 그가 광고 출연 계약을 맺은 미국 통신업체 MCI에 계약 파기를 요구하는 캠페인을 벌였다. 우익들의 논리에 따르면, 대니 글로버는 카스트로와 테러리스트를 지지하는 자로서 그를 광고 모델로 쓰는 MCI는 쿠바의 독재 정권을 지원하는 반미국적인 기업이라는 것이었다.

우익들의 캠페인이 시작되자 앞서 이야기한 트랜스 아프리카 포럼을 비롯해 미국 흑인 공동체와 진보적인 사회단체들이 반박 성명을 내고 표현의 자유를 지키기 위해 대니 글로버와 함께 싸울 것을 선언했다. 모든 미국인은 대통령에게 반대할 권리가 있고 이로 인해 피해를 입거나 보복을 당해서는 안 되며 이는 매카시즘과 블랙리스트의 재현이라고 맞섰다.

우익들의 시도는 무위로 끝났지만 이후 우익 논객들은 정치 칼

럼과 블로그를 통해 대니 글로버 깎아내리기에 힘을 쏟았다. 글로버로서는 결코 유쾌한 경험이 아니었겠지만, 이 일은 부시 정권의 지지율이 고공 행진을 계속하고 전쟁 지지 여론이 압도적인 상황에서 이런 사회 분위기가 얼마나 위험한 것인지를 미국 대중들에게 알린 사건이었다.

_ 진보적인 독립 정당을 건설하자

대니 글로버의 참여는 사회 운동에만 그치지 않는다. 그는 2000년 미국 대선에서 녹색당 후보로 나선 랄프 네이더의 선거 운동에 적극 참여했다. 할리우드 배우가 민주당 대통령 후보의 선거 운동에 힘을 보태는 것은 뉴스거리도 안 되지만 당선 가능성도 없는 제3당 후보의 선거 운동에 적극 동참한 것은 유례가 없는 일이었다.

그는 줄기차게 민주당의 한계를 지적하는 진보주의자 중의 한명이다. 그가 랄프 네이더의 선거 운동에 뛰어든 이유도 민주당을 대체할 새로운 진보 정당의 출현을 위해서였다. 글로버는 네이더 선거 운동에 뛰어들며 "네이더에게 던지는 한 표는 두 정당을 놓고 누가 덜 나쁘냐를 고민하는 투표를 이제는 집어치우겠다는 의미"라고 선언했다.

그는 2004년 대선에서는 민주당의 존 케리 후보를 지원했는데,

이는 어찌 되었든 부시를 떨어뜨려야 한다는 절박함 때문이었다. 또한 네이더가 녹색당의 지명을 '거부'하고 독자 출마한 것에 대한 불만도 이런 행동에 영향을 끼쳤다. 그러나 그가 민주당 후보를 지원했다고 해서 기성 정당, 특히 민주당으로부터 독립된 정치의 출현을 포기한 것은 아니다. 대선 직후인 2005년 1월 그는 빌 플렛처와 공동 명의로 진보적인 주간지 《네이션(The Nation)》에 기고문을 실었다. 이 글에서 글로버는 "민주당의 '바깥'에 다양한 사회 운동 영역이 힘을 합해 새로운 정치를 모색하는 '신무지개연합(neo-rainbow coalition)'을 구축하자"고 제안했다. (기고 원문 http://www.thenation.com/doc/20050214/glover) 이 글을 보면 글로버가 정치 세력화 없는 사회 운동의 한계를 절실히 깨닫고 있음을 엿볼 수 있다. 그가 베네수엘라에 가서 어떤 감명을 받았을지도 이 글을 통해 미루어 짐작할 수 있다.

물론 대니 글로버의 역동적인 활동과 급진적인 사고에도 불구하고 그를 '사회주의자'로 규정하기는 어렵다. 무엇보다도 글로버 자신이 자신을 좌파나 사회주의자로 규정한 적이 없다. 그러나 미국의 저명한 독립파 사회주의 잡지인 《먼슬리 리뷰(Monthly Review)》가 창간 50주년을 맞았을 때 그가 보낸 축사를 보면 대니 글로버라는 진보적 배우가 가진 생각을 읽을 수 있다.

"많은 사람들이 적은 너무 강해서 이길 수 없다는 절망에 빠져 있을 때, 우리를 다시 생각하게 해주고, 행동에 나서게 해주고, 불가능이란 단지 어려움일 뿐이지 극복할 수 없는 장애가 아니라는 사실을 일깨워 주는 잡지의 존재는 너무나도 소중하다. 그 잡지가 바로 먼슬리 리뷰다."

같은 이야기를 본인 스스로에게도 적용할 수 있을 것이다. 많은 사람들이 침묵할 때 행동에 나서기를 두려워하지 않았던 배우의 존재는 너무나도 소중하다. 그가 바로 대니 글로버다.　　　　_장석원

●● 대니 글로버 Danny Lebern Glover, 1947~

미국 배우, 영화감독. 샌프란시스코 주립 대학을 졸업하고 1979년 영화 〈알카트라스 탈출〉로 데뷔했다. 오락 영화 〈리쎌 웨폰〉(1987~1992) 시리즈 부터 독립 영화, 연극, TV 시리즈에 이르기까지 다양한 분야에서 연기를 하고 있다. 아카데미 최우수 작품상 후보에 올랐던 피터 위어 감독의 〈위트니스 (Witness)〉(1985)와 스티븐 스필버그 감독의 〈컬러 퍼플(The Color Purple)〉(1985)에 출연했고 애니메이션 〈개미(Antz)〉, 〈이집트 왕자(The Prince Of Egypt)〉에 목소리로 출연했으며 컬트 호러 영화 〈쏘우(Saw)〉와 NBC TV 〈ER〉의 2005년 시즌에 출연했다. 유니세프 대사로 활동하며 시민운 동과 흑인 인권 운동에 적극적으로 참여해 마리안 앤더슨 상(2002), NAACP 협회장상(2003), 블랙엔터테인먼트 텔레비전 어워드(BET) 평생공로상(2004) 을 수상했다. 그밖에 〈로얄 테넌바움(The Royal Tenenbaums)〉(2001), 〈비러 브드(Beloved)〉(1998), 〈레인메이커(The Rainmaker)〉(1997), 〈더블타겟〉 (2007) 등에 출연했다.

자신의 꿈을 두려워하지
않는 애니메이터

〈이웃집 토토로〉의 한 장면

_ 공동체와 연대 의식에 일찍이 관심

만화 영화는 재미로 본다. 이런 재미도 있고 저런 재미도 있지만, 미국 디즈니의 장편 애니메이션이 주는 재미는 경쾌함과 발랄함, 그리고 무엇보다 가벼운 마음으로 즐길 수 있는 재미이다. 물론 디즈니의 애니메이션에도 나름의 '교훈'이 있지만, 미국의 상업 영화들이 대체로 그러하듯이 '속 보이는 감동'이기 쉽다.

디즈니의 만화 영화에 익숙한 관객이 본다면 놀랄 만한 애니메이션이 있다. 바로 일본의 애니메이션이다. 그 장르가 다양해서 재미도 여러 가지인데, 사회와 삶에 대한 통찰을 보여 주면서도 극적 긴장감 또한 뒤지지 않는 애니메이션 작품들이 여럿이다.

그 중에서도 기술 문명의 위태로움, 인간 사회의 갈등, 인간과 자연의 긴장을 역동적이고도 재미있게 연출하기로 유명한 미야자키 하야오의 작품들은 그 철학적 깊이에 놀랄 만하다. 그래서 그의 작품을 재미로만 볼 수 없게 한다.

미야자키는 1941년에 도쿄 부근의 부유한 가정에서 태어났다. 아버지와 큰아버지는 비행기 공장을 운영했다. 미야자키의 애니메이션에는 날아다니는 것이 자주 등장하는데, 여기에는 이 비행기 공장이 큰 영향을 끼쳤다. 비행은 미야자키의 거의 모든 작품에서 중요한 요소로 등장한다. 수직 상승과 하강이라는 미야자키만의 역동적 애니메이션은 기계와 등장인물의 비행으로 곧잘 표현된다. 한편으로 그는 그 비행기 공장에서 산업 사회의 계급적 차별을 목격하기도 했다. 이는 그의 작품에 고도로 산업화된 문명의 그늘로 그려지기도 한다.

미야자키는 어린 시절 만화가가 되길 원했다. 그래도 그림을 배우기 위해 미대에 진학하지는 않고 정치경제학부에서 일본산업론을 전공했다. 대학 시절에 일본 최초의 컬러 장편 애니메이션인 〈백사전(白蛇傳)〉(1958)에 감동을 받고 애니메이터가 되고자 했다. 대학 시절 아동문학 연구회라는 서클에서 활동하면서 동서양의 많은 문학을 접한 것이 이후의 작품 활동에 큰 도움이 되었다.

그림을 전문적으로 배우는 과정이 없었음에도 미야자키는 '그림을 그리는' 애니메이션 감독이 되었다. 스스로는 그림에 재능이 없다고 했지만 원화를 그릴 뿐 아니라 때로는 동화도 직접 수정한다. 애니메이터로 시작했으나 다양한 인문적 지식과 철학적 성찰이 연출 능력을 키웠다고 해야 할 것이다.

청년 시절 사회주의에 큰 관심을 가졌던 미야자키는 대학에 다닐 무렵 일본 공산당 기관지 《아카하타(赤旗)》의 청소년 판인 《소년소녀 신문》에 〈사막의 백성〉이란 제목의 만화를 연재했는데, 그가 밝혔듯이 이 작품은 SF와 마르크시즘을 결합시킨 것이었다. 노동조합의 의뢰를 받아 만들어진 이 만화는 '단결하면 큰 힘이 된다'는 주제를 담고 있다. 중앙아시아를 배경으로 잔인한 강대국에 맞서는 소수민족의 항쟁을 그리고 있다. 그 그림을 변형해 만들어 낸 것이 〈바람계곡의 나우시카〉(1984)라고 한다. 무엇보다 '힘을 합친다'는 연대 의식은 많은 작품에서 공동체 사회(마을)로 등장한다.

_ 도에이 동화에서 스튜디오 지브리로

미야자키는 대학 졸업 후 애니메이터로 일하게 된 도에이 동화의 노동조합 서기로 활동하였다. 노조 활동은 그의 정치적 성향과 무관하지 않은데, 이는 작업 공간에 대한 태도가 반영된 것이었다. 미야자키는 도에이 동화에서 만난 다카하타 이사오와 사상적 교감을 나누며 노동조합 활동도 함께했다. 1985년 그들은 스튜디오 지브리를 만들었고, 1990년 일반적인 애니메이션 제작 방식과는 달리 스태프를 월급제로 고용하였다.

스태프를 작품마다 계약하는 방식이 아닌, 상시적으로 고용하여 애니메이션을 제작하는 방식을 도입한 것이다. 이는 고용을 안정시킴으로써 작품의 질을 높이겠다는 의도였다. 물론 이 방식엔 스태프들을 한 자리에서 일하게 하여 관리 비용을 줄일 수 있다는 이점도 있었다. 또한 이는 적지 않은 스태프들을 월급제로 고용할 자금을 투자 받을 수 있을 정도의 브랜드 가치가 있었기 때문에 실현될 수 있었다.

이런 '파격적' 고용 방식을 두고 〈공각기동대〉(1995)의 감독 오시이 마모루는 지브리를 소비에트의 크렘린에 비유했다. 그는 지브리의 조직화된 구조가 다른 곳에서는 불가능한 양질의 작품을 만들어 내지만 다른 한편으로는 개인의 창조성을 저해한다며, "그들이 영화를 만드는 것을 아직도 노조운동의 연장선상에 있다고 여기는 것 같다"고 했다. 오시이의 발언은, 지브리의 고용 방식이 작업 효율보다는 그 설립자들의 활동 궤적에 기인한다고 여기는 일본 애니메이션계의 시선이 있다는 걸 보여 준다.

지브리라는 제작사를 통해 미야자키는 다카하타 이사오와 하나로 이해되기도 한다. 도에이 동화에서 만난 다카하타는 사회주의 사상에 밝았는데 미야자키에게 많은 영향을 미쳤다. 그렇지만 두 사람의 작품 성격은 다르다. 다카하타는 〈반딧불의 무덤〉(1988), 〈추억은 방울방울〉(1991) 등 상당히 사실주의적인 작품을 연출했다. 미야자키가 기획한 〈폼포코 너구리 대작전〉(1994)은 우화적이기는 하지만 다큐멘터리 같은 느낌이 강해서 다카하타다운 작품으로 평가된다. 이 때문에 다카하타의 작품이 미야자키의 작품보다 사회주의적인 성향이 강하다는 평가도 있다. 다카하타는 〈알프스

소녀 하이디〉(1974), 〈엄마 찾아 삼만 리〉(1976), 〈빨강머리 앤〉
(1979) 등 TV애니메이션들도 연출했다.

_ 착취 사회와 공동체 사회의 대비

미야자키는 이름만 들어도 쟁쟁한 〈미래소년 코난〉(1978), 〈바
람계곡의 나우시카〉(1984), 〈천공의 성 라퓨타〉(1986), 〈이웃집 토
토로〉(1988), 〈붉은 돼지〉(1992), 〈모노노케 히메〉(1997) 등을 연
출했다. 이 작품들은 고도로 산업화된 문명의 위협과 어리석음, 파
괴적인 전쟁과 독재 권력, 이상적인 공동체의 모습, 인간과 자연의
갈등과 공존을, 때로는 무겁게 때로는 경쾌하게 그리고 있다. 이와
달리 최고 정점에 오른 작품성을 보여 주면서 베를린 영화제 최우
수작품상을 수상한 〈센과 치히로의 행방불명〉(2001)과 〈하울의 움
직이는 성〉(2004)은, 한편으로는 미야자키의 면모를 이어가고 있
지만, 사회 · 정치적 문제 등과 같은 다소 무거운 주제에서는 벗어
났다는 평을 받기도 한다.

〈미래소년 코난〉은 초강력 전자력 병기가 세계의 절반을 일순
간에 소멸시킨 미래를 배경으로 하고 있다. 이는 인간이 만든 '거
신병'이라는 무기로 세계가 불타 버린 먼 미래가 배경인 〈바람계
곡의 나우시카〉로 이어진다. 〈천공의 성 라퓨타〉에서도 기술을 맹

목적으로 추종했을 때의 위험성을 보여 준다. 전쟁과 파괴 기술 때문에 인간 사회가 위기에 처했지만 여전히 인간들은 그 파괴 기술을 독점하여 남은 세계를 지배하려는 야욕을 버리지 않는 어리석음을 보인다. 이들 작품들은 인간적 가치가 발전할 수 있도록 기술이 사용되어야 한다는 점을 강조한다.

미야자키의 작품은 억압과 착취의 사회와 조화로운 공동체 사회를 대조하기도 한다. 〈미래소년 코난〉의 인더스트리아와 하이하바, 애니메이션 〈바람계곡의 나우시카〉의 원작인 만화 〈바람계곡의 나우시카〉의 도르메키아, 도르크와 바람계곡이 그러하다. 그의 작품 속의 인더스트리아, 도르메키아, 도르크와 같은 도시와 국가는 〈붉은 돼지〉의 주인공이 스스로 사람이길 포기하고 차라리 돼지가 되어 버린 이유를 제공한 전쟁이나 파시즘과 관련이 있는 곳이다. 그것들은 악독한 계급 사회일 뿐만 아니라 다른 사회나 국가를 폭력으로 지배하고자 하는 제국주의이기도 하다.

이런 거대 군사 제국에 저항하는 사회는 다분히 중세 유럽의 분위기를 연상케 하는 하이하바나 바람계곡과 같이, 개인이 상품가치를 지니지 않아도 살아갈 수 있는 사회로 그리고 있다. "일정한 공동체 속에서 일정한 일을 하고 있으면 능력 차가 그다지 중요하게 여겨지지 않는 사회가 된다"고 생각한 미야자키는 어지간한 게으

름뱅이가 아닌 한에는, 마을이 굶주릴 때에는 함께 굶주리고 마을이 풍요로울 때에는 자신도 풍요로워지는 사회상을 그리고자 했다.

_자연과 인간의 긴장과 공존 모색

미야자키는 자연과 인간의 관계 또한 중요하게 다루고 있다. 애니메이션 〈바람계곡의 나우시카〉는 마스크를 뒤집어쓴 채 곰팡이로 뒤덮인 음침한 폐허를 지나는 한 여행자의 독백 "마을이 또 하나 죽었군"이란 대사로 시작한다. 이 작품은 1950년대 일본에서 처음 발생한 심각한 공해병인 미나마타병이 하나의 계기가 되었다. 미야자키는 대표적인 공해병을 낳은 이 사건에서, 인간이 만들어 낸 오염 물질의 끔찍함을 목격함과 동시에 강력한 복원력으로 그 오염 물질을 빨아들여 생태계를 유지하고 있는 자연을 보았다. 미야자키는 〈바람계곡의 나우시카〉 개봉 10주년 기념으로 하게 된 한 잡지사와의 인터뷰에서, "당대를 반영하지 않은 예술작품이란 없다. 〈바람계곡의 나우시카〉는 1970년대에 등장한 환경론적 세계관이 반영된 작품이다"라고 말했다.

이처럼 미야자키는 인간과 자연 사이의 긴장을 많이 다루었다. 그렇다고 인간과 자연의 대립을 평면적으로 그리지는 않았다. 〈모노노케 히메〉는 인간도 자연의 일부로서 살아가야 하는 존재라는 걸

뚜렷하게 보여 준다. 인간은 숲을 파괴하고 무기를 만들지만 그것도 살아가기 위한 방편이라는 것이다. 자연은 인간의 그러한 행위에 저항한다. 인간이 자원을 이용하고, 그 과정에서 필연적으로 산업 기술 문명을 이룩했다는 것 자체가 자연과의 대립을 영원히 피할 수 없게 한다. 대립적인 관계에도 불구하고 공존하는 방법을 모색해야 한다. 〈이웃집 토토로〉는 전후에 사라져 가는 일본의 숲을 소재로 자연과 인간이 공존하는 방식을 동화적이고도 신비롭게 그리고 있다.

미야자키는 젊은 시절 사회주의자가 되길 원했다. 소련과 중국의 국경 분쟁은 과연 그 국가들의 사회주의가 진실한가를 의심하게 했지만 그래도 그는 1990년대 이전까지는 마르크시즘에 경도되어 있었다고 스스로 밝힌 바 있다. 동구권의 몰락은 그에게도 고통이었다. 왜냐하면 현실 사회주의가 실패했기 때문이었다. 〈붉은 돼지〉를 제작한 후에는 "정치를 좌우로 가르지 않는다. 다만 물질문명에 비판적이라는 진보적 경향은 남아 있다"고 말했다.

미야자키는 평화롭고 조화로운 공동체를 이루고 자연을 착취하지 않는 인간 사회의 이상을 작품을 통해 보여 주었다. 하지만 그는 작품을 통해 이상주의적인 사회주의를 그렸을 뿐 그다지 실천적 활동을 보여 준 사회주의자는 아닐지도 모른다.

게다가 그의 어느 작품에서도 '흑인'이 등장하지 않는다는 점

때문에 '인종주의'의 혐의를 받고 있다. 미야자키는 단지 '색감의 문제'라고 하지만 오히려 이 말이 '검은 피부색'은 아름답지 않다는 뜻으로 이해되기도 한다. 또한 그와 깊은 교감을 나누며 평생 동료로 지내고 있는 다카하타 이사오의 〈반딧불의 무덤〉은 전쟁의 가해자인 일본을 마치 피해자인 양 그렸다는 비판을 받기도 한다.

배급을 위해 미국의 거대 미디어 재벌 디즈니사와 제휴를 맺은 점, 무엇보다 지브리의 설립자들은 상업적 성공을 위해 노력했다는 점, 이 때문에 그들의 작품에 드러나는 주제 의식과는 별개로 그들이 과연 사회주의 사상을 실천하는 이들인가 의심을 받는다. 그럼에도 불구하고(〈센과 치히로의 행방불명〉 이후에는 이러한 주제 의식과 다소 거리가 멀어지고 있다고 평가 받기는 하지만) 미야자키의 작품에 드러나는 주제 의식, 이상적 사회상이나 인간관계는 사회주의 철학에 가깝다. 미야자키는 자신이 꿈꾸고 있는 바를 작품에 담았다. 미야자키는 오히려 현실 사회주의나 사회주의 정당과의 관계를 중시하지 않아 자신의 꿈에 충실한 작품을 만들었을지도 모른다. 그는 '이상적'이라는 비판을 받을지라도 자신의 꿈을 두려워하지 않았다. 어쩌면 자칭 사회주의자들이 미야자키에게 배워야 할 덕목은 그의 작품 속 주제 의식보다 자신의 꿈을 두려워하지 않는 태도일지 모른다.

_문성준

●● 미야자키 하야오 宮崎駿, 1941~

일본의 애니메이션 영화감독. 가큐슈인 대학에서 정치경제학을 전공한 후 1963년 도에이 동화에 입사하고 그후 A프로덕션으로 옮겨 TV애니메이션 〈미래소년 코난〉(1978)으로 데뷔하였다. 그 후 극장용 애니메이션 〈루팡 3세: 칼리오스트로성의 비밀〉과 〈바람 계곡의 나우시카〉(1984)로 성공한 이후 1985년 다카하타 이사오와 함께 스튜디오 지브리를 설립하여 〈천공의 성 라퓨타〉(1986), 〈이웃집 토토로〉(1988), 〈모노노케 히메〉(1997)등 대작 애니메이션들을 만들었다. 2002년 베를린영화제 금곰상, 2003 아카데미 장편애니메이션작품상, 2004 베니스영화제 명예금사자상, 2006 제31회 LA비평가협회상 애니메이션상 등을 받았다. 주요작품으로 〈미래소년 코난〉, 〈바람 계곡의 나우시카〉, 〈천공의 성 라퓨타〉, 〈이웃집 토토로〉, 〈붉은 돼지〉(1992), 〈모노노케 히메〉, 〈센과 치히로의 행방불명〉(2001) 등이 있다.

26 가라타니 고진 _

'몰락' 이후 쉰이 넘어
코뮌주의자가 되다

가라타니 고진의 대표작
《마르크스, 그 가능성의 중심》

이 글의 필자는 가라타니 고진을 "기존 의미의 사회주의자라고 말하기 힘들다"고 말한다. 하지만 "가라타니 고진의 경우는 기존 사회주의와의 이론적 대결을 통해 자신의 변혁적 사상을 가다듬었고, 따라서 그가 사회주의자인지보다는 그가 사회주의를 통해 무엇을 사고했는지를 밝힐 필요가 있다"고 말한다. 가라타니 고진은 현실적인 실천에 참가하지 않았다. 그가 1990년대 말 지역통화 운동을 중심으로 하는 NAM(New Association Movement)이라는 조직을 만들어 새로운 현실운동을 시도했지만 4년 만에 실패로 돌아갔다. 필자는 가라타니 고진을 무슨 '주의자'로 부르는 것은 부적절하지만, "그가 사회주의자일 수 있다면, 자신이 새로 만들어 낸 기획 속에서일 것"이라는 견해를 밝히고 있다. 새로 만들어 낸 기획은 NAM을 의미한다.

_ 비평은 위기 상황으로 자기를 내모는 것

잊고자 쓰는 사상가가 있다. 그는 개념으로 성을 쌓지 않는다. 남들이 자신의 착상을 하나의 방법론으로 차용할 때면 그 자리에 불을 지르고 떠난다. 형이상학을 극도로 경계하며, 따라서 세계를 하나의 이야기로 지어내는 예언을 멀리한다. 이런 성향을 가진 이에게 '~주의(~ism)'는 사상의 죽음을 뜻한다. 예수가 아닌 바울이 기독교(예수주의)를 만들었듯, 마르크스주의가 엥겔스의 산물이 듯, '주의'는 사상이 하나의 체계로 구축되며 시작된다.

그래서 이동을 감행하는 사상가에게 '~주의'는 사상이 멈춰 선 자리, 즉 죽음을 의미한다. 그러나 사회주의적 전망이 상실된 1990년대에, 그것도 쉰이 넘고 나서야 그는 코뮌주의자가 되었다. 바로 가라타니 고진의 이야기다.

가라타니 고진은 1941년 일본의 효고현에서 태어났다. 10대에 문학 작품을 탐독했지만 문학을 하나의 장르로 다루는 데에 반감을 품고 있었으며, 결국 도쿄 대학 경제학과에 입학했다. 그러나 그의 사상적 행방은 문학 비평가로 시작되었다. 스물아홉에 가라타니 고진은 〈소세키론〉으로 군조오 신인문학상을 거머쥐면서 문학계에 두각을 나타냈다.

물론 이 시기 그는 영문과 대학원에 진학했지만 경제학과 출신의 문학 비평가라는 다소 어색한 그의 이력을 두고 의아해할 필요는 없다. 경제학이든 문학이든 그는 분과 학문을 한다는 의식을 갖지 않았다. 다만 그에게는 형이상학과의 싸움이 절실한 문제였다. 형이상학은 역사의 배후에서 역사를 움직이는 이념을 발견한다. 한국에서 널리 읽힌 그의 초기 저작 《마르크스, 그 가능성의 중심》(1978)과 《일본 근대문학의 기원》(1980)은 형이상학과의 대결이라는 문제 설정을 경제학과 문학이라는 각기 다른 방면에서 펼쳐 낸 것들이었다. 그는 이 저작들에서 자본주의와 근대문학을 하나의 형이상학적인 장치로 해명하여 근대인들을 속박하는 관념의 그물을 걷어 내고자 했다.

아마도 가라타니 고진이 스물여섯에 발표한 첫 번째 평론 〈사상은 어떻게 가능한가〉는 이런 점에서 그의 사상적 원점을 이룬다고 하겠다. 그 일절을 주목하자. "사상과 사상이 격투한다고 보일 때도, 실상은 각자의 사상적 절대성과 각자의 현실적 상대성이 모순되는 지점에서 은밀히 행해지는 연기에 지나지 않는다. 서로 다른 사상이 각자의 절대성을 주장하는 곳에서 결전이 이루어진 예는 한 번도 없다."

확실히 가라타니 고진은 '비평가' 로서의 자기의식을 갖고 출발했다. 그에게 비평은 다른 텍스트에 기대어 자신의 입장을 전하거나 편을 짓는 작업이 아니었다. 비평이란 사상의 결전이 치러지는 장소 밑바닥에서 이뤄지고 있는 역할극을 끝까지 주시하는 일이다. 대치하고 있다고 여겨지는 입장 가운데서 하나를 택하는 일이 아니라 그렇게 대치할 수 있는 조건, 그 무의식적 구조를 해명하는 일인 것이다. 그 조건과 구조를 밝힌다면 날이 선 온갖 사상적 입장들은 형이상학의 성채를 두르고 있던 부속물임이 드러난다.

물론 이러한 비평에는 으레 자신은 상처입지 않으면서 상황 밖에 서 있다는 푸념이 따르곤 한다. 하지만 고진은 홀로 옳은 곳에 서 있고자 비평하지 않았다. 그에게 비평(critique)이란 위기적인(critical) 상황으로 내몰리는 일이다. 이때 중요한 것은 비평 대상만이 아니라 비평하는 자신도 그래야 한다는 점이다. 사상가가 자신의 발화를 자명하다고 여겨 더 이상 거리낌을 갖지 않는다면, 사상은 어느새 상업성을 띤 선교가 되고 만다. 가라타니 고진에게 비평이란 자신을 불명료함으로 내몰아 선교사의 입장을 피하는 일이었다.

한 가지 주목해야 할 사실이 있다. 가라타니 고진이 비평가로서 자신의 사상을 개척해 나가던 1960년대 후반은 서구 지성계에서 소련식 사회주의에 대한 비판이 제기된 시기이자 반체제 운동이 번져 나가던 시기였다. 전공투*의 역사를 지닌 일본 역시 예외는 아니었다.

＊ 전공투 : '전국학생공동투쟁회의'의 줄임말. 전후 일본이 고도 성장으로 진입하는 시기인 1960년대 말 자민당뿐 아니라 공산당까지도 기득권 세력이라 비판하면서 '미·일 제국주의 타도'와 '제국대학 도쿄대 해체'를 슬로건으로 내걸고 투쟁한 극좌파 학생 운동 조직. 헬멧을 쓰고 각목을 든 과격한 극좌파의 모습으로 알려졌으며 1960년대 말 학생 운동의 쇠퇴와 함께 사라졌다.

그는 이 시대를 어떻게 살았을까. 그는 다만 난무하는 여러 입장들을 곁눈으로 흘기며 자신의 속도로 걸어갔다. 당시 제기된 인간적 마르크스주의도 반체제 운동이 보여 준 열정도 그에게는 '이념이 만들어 낸 병'에 불과했다. 그 무렵의 학생들처럼 거리로 나섰으나 이내 회의를 느끼고는 이념을 걷어 낸 자리를 끝까지 응시한다는 자신의 자리로 돌아왔다. 그는 어떠한 '주의자'도 아니었다. 젊은 시절 그에게 입장이 있다면 그것은 모든 입장을 불안하게 만드는 것이어야 했다.

_1990년대에 나타난 태도의 전환

이후 가라타니 고진의 사상적 노정은 《탐구》에서 결실을 이룬다. 형이상학과 맞서 싸운다는 버거운 작업으로 30대에 심한 우울증을 앓기도 했지만, 그는 《탐구》를 통해 스스로 자신의 병을 치유했다. 1985년부터 1988년까지 그는 잡지 《군조우》에 〈탐구〉를 연재했다. "내가 〈탐구〉를 연재하면서 계속 질문했던 것은 '사이' 혹은 '외부'에서 살아가기 위한 조건과 근거였다 할 것이다."(《탐구 I》후기) 가라타니 고진은 《탐구》에서 '타자의 문제'를 해명하여 역사에 대한 목적론을 부정하면서도 반대 편향으로 해체주의처럼 어려운 지적 수사에도 빠지지 않는 '삶의 비평'을 일궈 냈다. 1990

년대로 넘어가기 직전에 나온 이 책을 일본의 사상지 《유레카》는 90년대 일본 최고의 책으로 선정했다.

그러나 정작 가라타니 고진은 90년대에 들어서자 《탐구Ⅲ》을 쓰겠다던 계획을 중단한다. 가라타니 고진이 90년대 이후 쓴 저작들을 보면 무언가 적극적인 발언을 하겠다는 충동이 가득 묻어난다. 하나의 선명한 입장을 갖는 일을 두려워하지 않으며, 미래에 대해 이야기하기를 마다하지 않는다. 그의 태도 전환이 응축되어 있는 저작이 바로 10년간 거듭해서 써낸 《트랜스크리틱》(2000)이다. 《트랜스크리틱》은 확신으로 씌어진 책이다. 그는 이 책의 서문에서 "광명을 보기 시작했다"고까지 표현하는데, 사상의 구석진 자리를 응시하려던 과거의 태도와는 사뭇 다르다.

확실히 가라타니 고진은 1989년까지 사회주의라는 이념을 경멸해 왔다. 그는 어떠한 입장에도 속하지 않고 비평하는 자리에 서 있었다. 그러나 그는 사회주의권이 몰락하자 자신이 과거 마르크스주의적 정당이나 국가를 비판할 수 있었던 것은 그것들이 지속된다는 전제 아래 유효했음을 자각하기 시작한다. 사회주의는 역사의 '거대 서사'와 함께 종언했지만, 아울러 몇 가지 현상이 일어났다. 사회주의의 종언이 서구식 자본주의와 민주주의의 승리라는 '서사'가 등장했으며, 민족주의와 원리주의라는 '서사'가 부활했다.

아울러 모든 이념을 조소하는 냉소주의도 만연했다.

따라서 가라타니 고진은 사회주의가 현실적으로 끝났을지언정 사상적으로는 끝나지 않았다고 주장하며 오히려 자본주의를 극복할 현실적인 기획에 몸을 담았다. 1990년대의 상황이 학문적으로는 회의론적 상대주의가 범람하고 정치적으로는 사회민주주의의 우월성이 구가되었으나 그것들이 점차 파괴력을 잃어갔다는 사정을 감안한다면, 우리는 가라타니 고진이 시대의 변화와 아울러 새로운 곳에서 자신의 자리를 만들어야 했던 고충을 이해할 수 있을 것이다.

_ 이론적으로 구축된 실천의 방향

가라타니 고진은 자본주의를 극복하는 전망을 가다듬는다. 기억해야 할 대목은 그가 지극히 이론적인 방식으로 자본주의를 폐절하는 계기를 마련했다는 점이다. 그는 "이론적인 무지를 바탕으로 한 실천은 결코 변혁이 될 수 없다"고 말한다.

자본주의는 정의감과 연민에 기반한 열정으로는 무너지지 않는다. 자본주의가 토대로 삼는 논리 구조를 해명할 때 그것을 극복할 단서가 발견된다는 것이다. 그는 자본주의가 '교환'에 내재된 근원적인 패러독스로 생겨났다고 이해한다. 따라서 자본주의를 지양할 코뮤니즘 역시 종교적이거나 유토피아적인 상상이 아닌 새로운 교환 원리를 통해 탄생할 수 있다고 주장한다.

그는 우선 자본주의를 스테이트(state, 국가)와 네이션(nation, 공동체)과 겹쳐 사고한다. 1989년 이후 가라타니 고진은 '자본주의=네이션=스테이트'라는 자신의 정식을 설파하는 데에 경주했다. 그것들 각각은 등가교환, 상호부조, 강탈이라는 교환 원리에 대응한다.

먼저 네이션 안에서는 '상호부조'가 이루어진다. 등가교환에 따르지 않고 공동의 감정에 기대어 서로를 돕는다는 교환 원리이다. 스테이트는 강탈을 자신의 교환 원리로 삼는데, 그것이 교환인 까닭은 지속적으로 빼앗기 위해 수탈당하는 이들에게 보호를 제공하기 때문이다. 이것은 국가의 기원을 이룬다. 마지막으로 자본주의는 시장 원리에 따라 화폐를 통한 등가교환을 취한다.

이렇듯 상이한 교환 원리가 합쳐져 '자본주의=네이션=스테이트'라는 삼위일체를 이룬다. 자본주의가 강력한 이유도 여기에 있다. 만약 자본주의를 깨려고 하면 국가적인 관리가 뒤따르거나 네이션의 감정이 솟구친다. 그래서 우리는 공황에 직면하면 국가기구가 전면화되고 민족주의가 활성화되는 현실을 목도한다. 가라타니 고진에 따르면 강력한 스테이트로 자본주의를 타도하려던 것이 레닌주의이고, 네이션으로 자본주의 극복을 꾀했던 것이 파시즘이다. 이들 모두는 '자본주의=네이션=스테이트'라는 사슬을 끊지 못했기에 역사적으로 실패할 수밖에 없었다. 따라서 가라타니 고진은 세 가지 교환 원리에 기반해 있는 '자본주의=네이션=스테이트'를 무너뜨리기 위해 새로운 교환 원리를 제안한다. 그것이 어소시에이션(association)이다.

또 한 가지 자본주의를 타파하기 위한 이론적인 단서는 자본의 자본화 과정, 즉 화폐(M)-상품(C)-화폐′(M′)에 있다. 여기에는 두 차례 개입의 여지가 있다. 첫째는 M-C의 계기, 즉 화폐가 상품으로 전환되는 순간이고, 두 번째는 C-M′의 계기, 즉 상품이 다시 잉여가치가 부가된 화폐로 전환되는 순간이다. 자본의 관점에서 이것은 생산에 필요한 노동력을 구매하고 그렇게 만들어진 상품을 다시 파는 일이 된다. 무산대중에게 이것은 노동자가 되고 소비자가 되는 일로 나타난다. 가라타니 고진은 이 M-C-M′의 과정을 끊자고 제안한다. 즉 일하지도 상품을 사지도 말자는 것이다. 이를 위해서는 노동자이자 소비자인 대중이 일하지 않고도 생활을 영위할 수 있는 안전망이 있어야 하는데, 그런 까닭에 가라타니 고진은 '생산자/소비자 협동조합의 연합'을 제시한다.

_사상의 실패인가 새로운 사상인가

가라타니 고진은 이론적인 아이디어를 내놓는 데서 멈추지 않았다. 1990년대 후반부터 그는 본격적인 실험에 나섰는데, 그것이 NAM(New Associationist Movement) 운동이다. NAM 운동은 그가 제안한 최초의 현실운동이었다. 그는 일본에서 NAM 조직을 만들고, 각 지역의 NAM 지부 사이에서 네트워크를 꾸려 냈다. 간단히 말해 그가 제안한 NAM 운동은 새로운 교환 원리인 어소시에이션에 기반하는 생산자/소비자의 협동조합 운동이었다.

어소시에이션은 개인들의 자유로운 계약에 기초한다는 점에서 시장 경제와 닮아 있지만 잉여가치를 발생시키지 않는다. 또한 공동체의 교환 원리인 상호부조와 유사하지만 배타적이지도 구속적이지도 않다. 이러한 발상이 단지 낯설지만은 않다. 한국을 비롯해 세계 여러 곳에서 진행되고 있는 지역통화 운동은 원리적으로 어소시에이션이다. 그가 《가능한 코뮤니즘》이나 《NAM 원리》에서 제시한 LETS(Local Exchange Trading System) 운동 역시 자본이 되지 않는 화폐를 매개로 삼는 지역통화 운동의 일종이다.

그리고 NAM 운동은 노동자로서의 소비자와 소비자로서의 노동자의 연대를 목표로 삼는다. 화폐 경제에서 판매와 구매, 생산과 소비는 분리되어 있다. 이러한 분리는 노동자와 소비자의 분리, 나아가 노동 운동과 소비자 운동의 분리를 낳는다. 그러나 소비자 운동은 실상 입장이 바뀐 노동 운동이며, 노동 운동 역시 소비자 운동인 동안 자신의 국지성에서 벗어날 수 있다. 노동력을 재생산하는 소비과정은 육아, 교육, 여가 등 생활세계 전 영역에 걸쳐 있기 때문이다. 따라서 가라타니 고진은 생산자/소비자의 협동조합을 통해 자본주의 바깥에서 생활의 지평을 만들자고 제안한다.

그렇다면 그가 기획한 현실운동은 어떻게 되었을까. 결국 가라타니 고진은 FA(Free Association)라는 또 하나의 조어를 만들어 내기에 이른다. 이 말이 무엇을 뜻하는지는 그다지 중요하지 않을지도 모른다. 가라타니 고진은 2002년 〈FA선언〉을 통해 NAM을 해산시킨다. 자신의 기대와 달리 NAM은 그의 유명세를 바탕으로 한 지식인들의 모임이 되었다. 가라타니 고진이 〈FA선언〉에서 밝힌 해산 이유 역시 NAM 운동을 지속할 운동체가 부재하다는 것이었다. 가라타니 고진이 현실에서 보여 준 시도와 실패는 일본과 한국에서 그를 둘러싼 평가가 갈리는 지점이 되었다. 그리고 대개의 경우 그 평가는 예순이 넘은 가라타니 고진의 나이를 상기시키며 "가라타니 고진도 이제 다했다"는 것이 주종을 이룬다.

이것은 정녕 사상의 실패인가. 어떤 의미에서 그의 실패는 예상할 수 있는 것이지 않았을까. 그 사실을 알고도 그는 실패를 감행하지 않았을까. 그렇다면 현실적인 운동의 실패를 사상의 실패라고 단정짓는 것은 사회주의의 현실적인 몰락 이후 새로운 사회주의를 사상적으로 꾀했던 가라타니 고진에게는 공평치 못한 일이리라.

가라타니 고진은 이제껏 여러 사상적 입장에 가격을 매겨 왔다. 이제 자신의 사상적 궤적을 제작비이자 홍보비 삼아 하나의 입장을 상품으로 내놓았으니, 그것은 팔릴 것인가? 쉽지 않아 보인다. 나 역시 지금의 가라타니 고진에 대해 호의적이고 싶지 않다. 그의 시도는 자신이 서 있는 장소와의 긴장감을 놓쳤으며, 그의 실패는 그마저도 이론적 완결성을 위해 희생되었다. 그의 사상 언저리에서 느낄 수 있었던 그늘과 불쾌함을 더 이상은 찾기가 힘들다.

하지만 이것만은 말할 수 있다. 한 사상가를 진정 대면하려면 그 사상이 지닌 탄성을 제멋대로 줄여 놓고 쉽사리 평가해서는 안 된다. 가라타니 고진은 지금도 움직이고 있다. 2007년 가라타니 고진은 재직 중이던 컬럼비아 대학과 긴키 대학에서 물러나 일본에서 지인들과 교류하며 또 한 번의 사상적 활로를 모색하고 있다.

그는 이제 칠순을 바라보는 나이다. 하지만 자신의 명성에 사로잡히지도, 실패를 두려워하지도 않기에 그는 건강하다. 이 말도 보탤 수 있겠다. 기꺼이 실패하는 것. 그것이 사회주의자의 역사적 역할이다. 사회주의자는 하나의 입장에 관한 이름이지만 동시에 근본적으로 사고하는 자들이 공유하는 이름이기도 하다. 근본적인 사고는 현실에서 실패할지언정 불씨를 남긴다. 그 불씨는 타오를 것인가. _윤여일

●● 가라타니 고진 柄谷善男, 1941~

　　일본 문화 평론가. 도쿄 대학교에서 경제학을 전공하고 도쿄 대학교 대학원에서 영문학 석사 과정을 수료했다. 일본 의과대학, 호세이 대학교 등에서 강의를 하다가 1980~90년대엔 예일 대학교, 콜롬비아 대학교, 코넬 대학교 등에서 객원 교수와 객원 연구원을 지냈다. 1994년부터 다시 일본에 머물며 긴키 대학교 문예학부 교수를 역임했다. 1969년 제12회 군조우 신인문학상, 1978년 제10회 가메이 가스이치로상, 1996년 제7회 이토세이 문학상 등을 받았다.

대처리즘에 영화로 맞선
블루칼라의 시인

Kenneth Loach

_유럽의 대표적인 좌파 감독

영화가 주는 선물 중 하나는 삶의 무게를 잊고 행복을 느끼게 만드는 즐거움이다. 많은 관객은 이 즐거움 때문에 영화를 본다. 일터에서의 괴로움과 스트레스가 자신만의 즐거운 시간까지 이어지는 걸 꺼려하기 때문이다. 그런데 영화가 힘겨운 삶을 다루고 있다면 그 영화를 보는 이는 불편할 것이다.

켄 로치는 일하는 사람들, 노동 계급의 삶과 그들이 겪어야 했던 역사 속 사건을 꾸준히 필름에 담는 작업을 해 왔다. 그래서 그의 영화를 불편함 없이 볼 수 없다. 노동 계급이 처한 현실과 그들이 겪는 역사는 힘겹고 암울하다. 진실은 불편하다.

2002년 〈빵과 장미(Bread and Roses)〉(2000)가 개봉되면서 한국 관객에게 널리 알려지기 시작한 영화감독 켄 로치는 유럽의 대표적인 좌파 감독이다. 국내에선 2006년 10월에 열린 켄 로치 특별전과 그해 11월 59회 칸 국제영화제 황금종려상 수상작인 〈보리밭을 흔드는 바람(The Wind That Shakes the Barley)〉(2006)의 개봉으로 더욱 세간의 관심을 모으는 감독이 되었다.

켄 로치는 1936년 영국 워릭셔 주 너니턴에서 태어났다. 노동자 가정의 삶이 그의 작품에 꾸준히 등장하는 배경 중 하나는, 그가 전기 기술자였던 아버지에게서 노동자의 정체성을 자연스럽게 받아들였기 때문이다. 그는 공군에서 타자병으로 2년 간 근무한 후에 옥스퍼드 대학 법학과에 진학했으나 학교 실험극단에서 활동을 하면서 법 공부에는 흥미를 잃고 극예술로 진로를 바꾸었다. 하지만 그와 법의 인연은 이로써 끝나지 않았다. 2003년 12월에 버밍엄 대학은 그에게 명예박사 학위를 수여했다. 옥스퍼드 대학도 2005년 6월에 그에게 명예박사 학위를 수여했다.

켄 로치는 버밍엄 인근 레퍼토리 극단에서 배우 생활을 시작했다. 그는 자신의 연기에 스스로도 만족하지 못했다. 결국 그는 극단에서 연출을 시작해 방송에 입문했다. ABC에서 조연출로 지내다가 BBC에서 견습감독으로 일하게 된 그는 〈젊은이의 일기(Diary of a Young Man)〉(1964) 에피소드의 일부 작품을 연출하게 되면서 TV 감독으로 데뷔했다. 그때까지의 영국 연극 분위기의 드라마를 벗어나 실험적이고 재능 있는 감독으로 평판을 받았다.

사회주의자인 제작자 토니 가넷의 지원으로 켄 로치는 〈캐시 컴홈(Cathy Come Home)〉(1966), 〈인 투 마인즈(In Two Minds)〉(1967) 등의 작품을 BBC의 수요 극장 시리즈(The Wednesday Play, 1965~1969)에서 방영할 수 있었다. 이 시기에 그는 무주택, 인구 과잉, 성, 낙태 등 논쟁적이고 정치적인 드라마를 만들며 주목받았다.

이 시절의 켄 로치는 프리 시네마(Free Cinema) 운동의 영향을 받았다. 이 운동은 1956년부터 1959년까지 영국 국립 영화극장에서 6회에 걸쳐 발표된 일련의 다큐멘터리를 통해 파생된 영화운동이다. 영화는 모든 상업적 압력으로부터 자유로워야 하며 예술가는 사회에 대해 책임감을 느껴야 한다는 게 이 운동의 핵심이었다.

_사회 문제, 계급 문제 다룬 수작 잇단 발표

수요 극장 시리즈 제작 이후에 켄 로치와 토니 가넷은 관료적인 방송국을 벗어나 〈케스(Kes)〉(1969)를 제작했고 이 작품으로 자신만의 스타일의 영화를 만들게 되었다고 평가받는다. 이 영화는 요크셔의 광산촌에 살고 있는 한 소년의 절망과 계급 상승을 위한 열망에 관한 이야기이다. 영국 노동자들의 삶을 묘사한 이 영화는 대중적인 반향을 일으켰다. 자신만의 스타일을 창조한 켄 로치는 1970년대에도 토니 가넷의 지원 아래 꾸준히 사회 문제, 계급 문제를 다룬 수작들을 발표했다. 그러나 사회 서비스가 후퇴하고 노조의 힘이 약화된 마가렛 대처 수상 재임 기간은 그에게도 고난의 시절이었다. 이 시절 가넷은 할리우드에서 경력을 쌓길 원해 켄 로치와 관계를 끊었다. 제작 지원도 변변치 못한 대처 시절에 켄 로치를 가장 괴롭힌 것은 검열과 형편없는 배급이었다.

그는 대처리즘에 정면으로 대항하는 다큐멘터리 작품에 집중했다. 이 시기 대표적인 작품인 〈리더십의 문제(Questions of Leadership)〉 (1983)의 네 번째 부분은 균형 감각을 잃었다는 이유로 BBC가 방영을 취소했다. 이 작품은 대처리즘의 최대 희생양 중의 하나였던 광원들의 파업을 다룬 작품이다. 〈사우스 뱅크 쇼(The South Bank Show)〉의 제작자 멜빈 브랙은 광원노조의 파업에서 불린 민속 음악에 대한 다큐멘터리를 켄 로치에게 의뢰했다. 켄 로치의 〈당신은 어느 쪽 편인가?(Which Side Are You On?)〉(1984)는 짧은 길이었지만 대처의 정치적 만행을 포함했다는 이유로 상영을 거절당했다. 〈사우스 뱅크 쇼〉는 1978년부터 지금까지도 영국의 ITV1이 방영하는 격조 있는 예술 텔레비전 쇼이다.

로치는 대처 시절을 이렇게 회상한다. "나는 영화들을 만들었을 때 그것들을 방어하기 위해서 너무나 많은 시간을 보냈다."

1990년대에 들어 새로운 투자자를 만난 로치는 노동자들의 삶을 주제로 한 뛰어난 극영화를 다시 만들기 시작했다. 이 시절 작품들은 각종 세계 영화제에서 주목을 받으며 유명세를 타기 시작했다. 북아일랜드를 배경으로 한 정치드라마 〈숨겨진 비망록(Hidden Agenda)〉(1990)은 칸 영화제 심사위원상을 수상했고, 계급적으로 각성하는 건축 노동자들의 얘기인 〈하층민(Riff-Raff)〉(1990)은 1991년도에 올해의 유럽영화상을 받았다. 〈레이닝 스톤(Raining

Stones》(1993)은 딸의 첫 영성체 예복을 마련하기 위해 동분서주하는 가난한 노동자의 이야기이다. 이 작품은 칸 영화제에서 심사위원상을 받았다.

1990년대 이후에는 켄 로치의 현실 정치 활동도 눈에 띈다. 방영이나 상영만을 목적으로 하는 다큐멘터리나 극영화가 아닌 정치적 목적이 분명한 영화를 감독하기도 한다. 1997년에는 영국 광원노조의 전투적 지도자이자 블레어에 반발해 사회주의노동당(SLP)을 건설한 아더 스카길을 지지하는 영화를 만들었다. 그리고 2001년도 영국 총선거에서는 노동당의 선거운동을 위해 영국 항공권의 독점, 공공 서비스의 부족 등 당시의 정치 쟁점을 다룬 5분짜리 영화를 만들었다.

켄 로치는 2004년 11월에 레스펙트(Respect)의 전국 위원회 위원으로 선출되었다. 레스펙트는 영국 사회주의 노동자당(SWP), 트로츠키주의자, 이슬람주의자, 환경주의자 등이 모인 정치연합이다. 이라크 전쟁에 반대하다 36년간 일해 온 영국 노동당에서 제명 당했던 갤러웨이 하원 의원이 당수로 있다. 이라크 전쟁은 켄 로치에게도 정치적 입장을 가르는 중요한 문제였다. 1920년대 아일랜드의 독립 전쟁과 북아일랜드 분리를 다룬 〈보리밭을 흔드는 바람〉이 이라크 전쟁을 직접적으로 암시하고자 하는 것 아니냐는 비난을 일축하면서도, "이는 언제나 당면한 문제이다. 언제나 어딘가에는 군대가 점령하고 있다. 그곳에는 독립과 민주적 권리를 획득하기 위해 노력하는 사람들이 있다. 지금은 이라크이다"라며 이 영화가 반전과 반제국주의 영화임을 확인해 주었다.

_ 역사의 탐구는 감독으로서의 책임

켄 로치가 이처럼 현대사에서 반복되는 문제를 다루는 배경은 그의 신념에 있다. "역사란 향수가 아니다. 역사는 왜 우리가 지금의 모습인지, 우리가 누구인지, 왜 우리가 현재의 상황에 있는지를 말해주는 것이다. 역사를 탐구하여 민중들에게 그들의 역사를 되돌려 주는 것은 감독으로서 갖는 책임 중 하나이다." 이런 그의 신념은 〈랜드 앤 프리덤(Land and Freedom)〉(1995), 〈보리밭을 흔드는 바람〉과 같은 작품에서 잘 드러난다.

한편 역사적 배경의 무거운 분위기와는 달리 〈레이닝 스톤〉, 〈빵과 장미〉와 같이 경쾌하고 유머러스한 표현이 돋보이는 영화들도 있다. 물론 좌파 감독답게 그 유머는 하층민들이 겪는 절박한 현실에서 나온다. 절망으로 얼룩진 등장인물들의 경쾌한 웃음은 따뜻함을 선사한다. 이런 영화들이 높이 평가 받는 이유는 밑바닥 인생을 사실적이면서도 섬세하게 그려내는 데에 있다. 켄 로치는 배우가 극중 캐릭터의 삶을 경험하지 못했다면 그 삶을 제대로 표현하지 못할 것이라 생각한다. "영화 속에서 연기할 수 없는 것들이 있다. 무의식적으로 하는 것들, 어디서 왔는지 등을 보여 주는 계급을 위장한다는 건 매우 힘든 일이다." 청소 용역 업체에 고용된 불법 이민 노동자들이 노조를 건설하고 투쟁하는 이야기를 다룬 〈빵과 장미〉의 몇몇 배우들은 이 영화를 위해 영어를 배워야 했다.

하층 계급의 생생한 일상을 거침없이 보여 주고자 하는 켄 로치의 영화는 엉뚱한 곳에서 암초에 걸리기도 한다. 〈스위트 식스틴(Sweet Sixteen)〉(2001)은 일본에서 18세 이상 관람 등급 판정을 받았는데, '부적절하고 격렬하고 더러운 말'이 200회 이상 반복되기 때문이었다. 그는 이러한 말들이 실제로 거리에서 사용되고 있고 리얼한 세계를 그리고자 했다고 항의했지만 소용이 없었다. 〈하층민들〉과 〈스위트 식스틴〉과 같은 영화는 스코틀랜드 사투리가 너무 강해서 영어 자막이 필요했다. 이는 캐릭터가 지역 사회의 진짜 일원과 같이 보이기 위해서 배우들로 하여금 영화 속 지역 사회의 악센트와 구어를 그대로 구사하도록 했기 때문이다.

_낙관적이지 않은 결말 불구 장기적 낙관론자

켄 로치 작품의 주인공들은 노동자 혹은 민중들이다. 등장인물이 노동을 하는 직업, 농사를 짓는 직업을 갖고 있는 사람에 그치지 않고 그가 노동자, 민중이기 때문에 겪을 수밖에 없는 삶의 생생한 사건을 보여 준다. 혹은 그러한 계급에 속한 인물이 피해 갈 수 없는 당시의 역사적 파란에서 어떤 생각과 행동을 하는지를 작품에 담는다. 〈랜드 앤 프리덤〉에서 마을에서 파시스트를 몰아낸 후에 농장을 집단화할 것인가로 논쟁하는 장면이나 〈빵과 장미〉에서 용역 청소부들이 모여 노조를 만들 것인가를 토론하는 장면은 감독이 스스로 하고자 하는 말, 논쟁하고자 하는 바를 직접적으로 드러내기도 하여 역사적 혹은 집단적 선택이 무엇이야 한다는 '정답'을 직접 제시하는 측면이 있어 극적 긴장감이 다소 떨어지기는 한다.

켄 로치의 탁월한 능력은 사회적 관계로부터 기인하는 갈등을 설명하기보다는 일상에서 생생하게 그리는 데에 있다. 그는 경쾌하고 따뜻한 유머로 가난한 사람들을 표현한다. 한편으로는 역설이지만 한편으로는 그들의 삶의 희망이기도 하다. 그렇지만 켄 로치의 영화는 결코 낙관적이지 않다. 〈빵과 장미〉에서처럼 경쾌한 승리를 얻는다고 해도 멕시코로 추방 당하는 주인공이 있고 연대했던 노동자들이 가난한 용역 직을 벗어날 수는 없다. 공화정과 사회주의를 쟁취할 수 있었던 길목에서 좌절한 투사들은 더욱 비극적이다. 그러나 그의 말대로 "길게 보자면 사람들이 거기에 맞서 싸울 것이니 낙관적이다." 불편하지만 그의 영화를 보게 되는 이유이다.   _문성준

●● 켄 로치 Kenneth Loach, 1936~

'블루칼라의 시인'으로 불리는 영국의 영화감독. 옥스퍼드 대학교에서 법학을 공부했다. 1967년 영화 〈불쌍한 소(Poor Cow)〉로 감독으로 데뷔하였고, 이후 노동자의 힘든 삶과 노동 운동을 다룬 TV 영화와 극영화, 기록영화 등을 제작했다. 1990년대 이후 완성도 높은 시나리오와 사실적인 연출로 호평을 받았고 관객 동원에도 성공을 거두었다. 〈숨겨진 비망록〉(1990)으로 칸영화제 심사위원 특별상, 〈하층민〉으로 비평가상을 받았으며 1991년 '올해의 유럽 영화'로 선정되었다. 〈케스〉는 체코 카를로비바리영화제에서 상을 받았고 〈랜드 앤 프리덤〉(1995)은 칸영화제 비평가상과 유럽영화상, 1996년 세자르상 최우수 외국어영화상을 받았다. 〈보리밭에 부는 바람〉으로 2006년 칸영화제 황금종려상, 2007년 베니스영화제 각본상 등을 수상했다. 이밖에 〈내 이름은 조(My Name Is Joe)〉(1998), 〈빵과 장미〉 등이 알려져 있다.

28 크리스토프 블룸하르트 _

산업화의 과정에서
노동자 편에 선 목회자

Christoph
Gottlief Blumhardt

_ 예수 믿는 사람들의 두 가지 오해

비행기 한 번 타지 못한 터라 다른 나라 상황은 잘 모르겠지만, 이 나라에서 예수를 믿는 사람들은 기독교에 대해 크게 두 가지 오해를 하고 있다.

첫 번째 오해는 기도 많이 하고 성경 많이 읽는 이른바 영적인 신앙인들은 결국 보수적(친미적이든 친한나라적이든) 입장을 가지게 되고, 기도도 하지 않고 룻이 여자인지 롯이 여자인지도 모르는 신앙인들은 결국 비판적인 시각을 가지게 된다는 것이다. 곧 하느님에 대한 깊은 사색과 구도를 하다 보면 자연스럽게 세상만사에 대해 '감사'하게 되고 자기가 죄인인 것을 깨달아 다른 사람들의 눈에 있는 티끌을 보지 못하게 된다는 것이다.

두 번째 오해는 복음이 모든 사람들을 대상으로 하고 있다는 것이다. 마치 황희처럼 네 말이 옳구나, 네 말도 옳다, 허허, 당신 말도 옳소, 라는 식으로 모든 사람들의 의견에 동의하고 맞장구칠 수 있는 것이 복음이라고 생각한다.

정말 그럴까? 〈투캅스〉의 안성기처럼 온갖 나쁜 짓을 다 하고 돌아다니다가 일요일, 수요일에 예배당에 앉아서 눈물 찔끔 흘리고 십일조 봉투를 내미는 사람을 예수께서 장하다고 하실까? 전두환을 앞에 두고 하늘이 내린 영도자라고 칭송했던 목사들을 예수께서 충성했다고 칭찬하실까?

깊이 생각할 것도 없이 복음은 모든 사람에게 복음의 역할을 하지 않는다. '범사'에 감사하는 사람들이 깊은 영성을 가지고 있는 것도 아니다. 그런데도 이 나라 예수 믿는 사람들이 이런 오해를 하는 까닭은 성경 자체를 제대로 모르고, 스스로 고민하지 않은 탓도 있겠지만 모범으로 삼을 만한 신앙인이 누군지 모르기 때문이기도 하다.

_블룸하르트의 성장 배경과 영적 경험

크리스토프 블룸하르트의 아버지 요한 크리스토프 블룸하르트는 대단히 유명한 목회자였으며 치유자였다. 아버지 블룸하르트가 1844년 카타리나라는 여자 교인의 병을 고치고 난 후, 참회 운동이 온 마을을 휩쓸었다고 한다. 사람들이 자발적으로 교회에 모여 죄를 고백하고, 알코올 중독자들이 술을 끊고, 교회를 떠났던 사람들이 교회로 돌아왔으며, 병든 사람들이 건강하게 되었다. 예배를 마친 후에도 아버지 블룸하르트의 도움을 구하는 사람들이 모여들었으며, 열려 있는 서재 창문을 통해서 병이 낫는 사람도 있었다. 아버지 블룸하르트는 1852년 목사직을 사임하고 괴핑겐 근처로 이사했는데, 여전히 많은 사람들이 몰려와 영적으로나 육체적으로나 도움 받길 원했다.

크리스토프 블룸하르트는 이런 환경에서 자라면서 자기 자신의 부족한 면에 대해 회의감을 느꼈던 것 같다. "나는 양친과 그들을 늘 가득 채우고 있던 영적 온기 속에서 자라났다. 그러나 나는 늘 소외감을 느꼈고 그러한 생활은 나와는 거리가 먼 뭔가 거룩한 것이었고 내 영혼을 가까이 할 수 없는 것이었다."

자기의 내적 확신보다 아버지의 권유로 신학 공부를 시작한 그는, 유명한 신앙인들이 대부분 그랬던 것처럼 하느님과 만나는 영적 체험을 하게 된다. 1872년 고트리빈 디투스(카타리나의 언니)의 영면을 지켜보면서 당시 서른 살이던 블룸하르트는 하느님의 존재와 활동, 사도들이 어떻게 설교했는지 이해할 정도로 '이상스러운 탄생'을 경험했다고 한다. 이후 블룸하르트에겐 모든 의심과 불확실성이 완전히 사라졌다. 블룸하르트는 아버지에게 오는 엄청난 양의 편지를 맡아 썼고, 목회 일도 대리했다.

1880년 아버지의 사망 이후 블룸하르트는 아버지의 사업을 이어받았다. 더 많은 사람들이 블룸하르트를 찾아오는데, 정작 블룸하르트는 회의감에 빠지기 시작했다. 블룸하르트는 병 때문에 자신을 찾아오는 사람들에게 다음과 같은 편지를 보냈다.

"우리가 더럽혀 놓은 온갖 것을 다시 깨끗하게 해 놓아야 한다는 식으로, 하느님의 은혜와 자비를 갈취하는 방법으로 모든 것이 진행된다면 거기엔 허위가 남게 됩니다. 이 모든 것에는 늘 이기적 성향이 깃들어 있습니다. 당신은 하느님을 향한 구걸을 그만두고 어떻게 죄를 인식할 것인지, 지상에서 하느님 나라를 건설하기 위해 하느님의 정의를 따라 노력하는 것, 어떻게 하는 것이 하느님에게 용납될 수 있는지 그 길을 찾으시오."

개개인의 고난을 중요시하지 말고 현존하는 그리스도의 고난에 귀를 기울여야 한다는 말이다. 그는 기적을 찾는 사람들을 만족시키는 것보다 하느님 나라와 그 의에 봉사하는 것을 원했다. 블룸하르트는 개인뿐 아니라 교회의 이기적인 태도에 대해서도 비판했다. 그는 교회를 향해 "죽어라. 그래야 예수가 산다"라고 했다.

_보다 넓어진 시각과 공개적인 '편들기'

이후 블룸하르트는 보다 넓은 시각으로 사회 운동을 벌였다. "예수는 많은 대중, 프롤레타리아 등 자기를 주장할 수 없는 자의 편이었다. 기쁜 소식이란 이 세상에서 고통 받는 사람들이 얻어야 할 내용이다." 블룸하르트는, 참된 예수의 제자가 되려면 주님과 함께 사회 운동에 동참해야 한다고 생각했다. 지금도 별반 다르지 않지만, 당시 교회에 속해 있던 사람들 대부분은 블룸하르트의 생각을 인정하지 않았다. 그들은 정의를 요구하는 것이 거룩한 질서에 대한 부정이라고 여겼다. 그래서 그들은 노동 운동을 반교회적인 태도, 무신론적인 태도라고 몰아붙였다.

밧볼에서 조용히 지내던 블룸하르트가 공개적으로 사회 문제를 거론하게 된 계기는 이른바 '교도소 법률안' 이었다. 이는 '기업의 노동관계 보호를 위한 법' 의 초안인데 1899년부터 작성된 것이었다. 당시 교회는 파업을 부도덕한 것으로 간주했다. 문제가 있으면 기업주의 양심에 호소하거나 최악의 경우 자선 사업으로 해결할 수 있다고 생각했다. 그러나 블룸하르트는 자본이 갖는 악마적 속성을 인식하고 있었기에 이 법안의 위험성을 인식하고 노동자들 편에 서기로 했다. 그는 1899년 9월 19일, 괴핑겐에서 열린 항거 대회에 참석하여 자신의 견해를 말했다. "나는 지금 알려진 법안이 제국의회에 상정되리라고 생각하지 않았습니다. 그러나 그것이 상정된 후 나는 더 이상 주저하지 않고 공중 앞에 나서서 거기에 대한 반대 입장을 천명하는 것이 나의 의무라고 생각합니다. 그것은 정의에 반하는 범죄입니다."

그의 등장은 위축되어 있던 노동자들에게 큰 영향을 미쳤다. 블룸하르트는 1899년 10월 2일 두 번째 집회에 참석하여 다음과 같이 말했다.

"그리스도에게 속한 사람이 오늘날 노동 계급의 편에 서는 것을 이상하게 생각할 필요는 없습니다. 왜냐하면 그리스도는 지극히 적은 자들에게 속했었기 때문입니다. 그렇기 때문에 그는 세리와 죄인들을 자기의 친구로 선언했습니다. 그는 사회주의자였기 때문에 그렇게 했습니다. (…) 내가 프롤레타리아의 편이 되고 내 스스로가 프롤레타리아가 되려고 하기 때문에 내가 그리스도교 신앙을 부인한다고 비난할 사람이 있습니까? (…) 1900년 전 그리스도께서 우리에게 가르쳐 주신 것을 이제 우리가 다시 실천하려고 하는 것일 뿐인데 왜 우리가 그것 때문에 이상하게 생각되어야 합니까?"

민주주의적 신문인 《호펜스타우펜》은 그의 연설을 "사회민주주의의 신봉자 블룸하르트"란 제목으로 뽑아 호외로 발간했다. 이때까지 블룸하르트는 사회민주당에 입당하지 않았다. 그러나 그의 말은 이미 그가 사회민주당에 입당한 것으로 해석되었고, 사람들은 블룸하르트를 혹독하게 비판했다. 블룸하르트는 사람들의 비판에 대해 특별한 해명 없이 공식적으로 입당했다. 그러자 교계와 정치계의 신문들이 분노의 목소리를 쏟아냈다.

블룸하르트는 천대받는 개개인을 돕는 것보다 멸시받는 계급의 편에 서는 것이 더 어렵다는 것을 알고 있었다. 그는 자신의 선택 때문에 그때까지 자신이 이뤄 놓은 모든 것을 잃을 수 있다는 것을 알았고 결국 그렇게 됐다. 뷔르템베르크 주교회는 그에게 목사직과 그 외 다른 직위를 포기할 것을 요구했고 그는 그 요구를 받아들였다. 많은 사람들이 이 문제에 대해 이의 제기를 하라고 했으나 블룸하르트는 교회와 싸우지 않았다. 이후 블룸하르트는 전국을 돌아다니며 종교적·정치적 강연을 했다. 뷔르템베르크 지방의회에 사회민주당 후보로 추천되고 당선되기도 했다.

_ 여전히 깊은 영성을 지녔던 블룸하르트

블룸하르트는 1906년 지방의회 의원 임기를 마치자 재출마 권유를 물리치고 팔레스틴(이스라엘) 여행길에 오른다. 그는 1888년까지 대전도 운동을 전개하고 병자들을 고쳤으며 그 후 약 10년 동안 명상과 피정 생활을 했다. 이후 그는 프롤레타리아와 함께 하는 그리스도를 보았다. 그리고 나서 그는 다시 '하느님 나라'를 강조했다. 보는 사람에 따라, 블룸하르트의 여정이 왔다갔다한 것처럼 보일 수 있으나 정작 블룸하르트의 생각은 초지일관 '하느님 나라를 기다림'이었다. 그에게 기다림의 공동체는 곧 이 세상에서 실현될 하느님 나라의 교두보였다.

그는 그의 아버지처럼 '예수가 승리한다!'는 확신 가운데 살았다. 여동생 안나의 기록에 따르면 "그는 주름살투성이의 손을 가슴에 얹고 조용히 누워 있거나 '주 예수여, 어서 오시옵소서. 아멘' 하고 속삭였다."

1919년 8월 2일 영면한 그의 묘비에는 이렇게 새겨져 있다.

예수가 승리했다는 것은

영원히 남으리라.

온 세계는 그의 것이 되리라.

_서민식

※ 이 글은 《혁명적 신앙인들》(1987년, 손규태 편저, 한국신학연구소 펴냄)을 주로 참고하여 블룸하르트의 삶을 정리한 것입니다.

●● 크리스토프 블룸하르트 Christoph Gottlief Blumhardt, 1842~1919

독일 프로테스탄트 교회의 목사 · 사회주의자 · 정치가. 독일 뷔르템베르크의 작은 마을 뫼트링겐에서 루터교 목사인 요한 크리스토프 블룸하르트의 아들로 태어나 슈투트가르트에서 중등 교육을 받은 후 튀빙겐에서 신학을 공부했다. 아버지를 도와 목회 활동을 하다가 1880년 2월 아버지가 사망하자 후임 목사가 되었다. 당시 독일 산업화의 중심지였던 독일 서남부 지방에서 발생하는 노동자 권익과 환경오염 등의 사회 정치적인 문제들을 목회 과제로 받아들여 노동자들의 집회에 참석하고 노동 운동에 가담하였다. 사회민주당에 가입했다는 이유로 목사직을 박탈당한 후 1900년 12월 뷔르템베르크 지방 의회 선거에서 의원으로 당선되어 정치가로서 가난한 사람들과 억눌린 사람들을 위해서 활동하였고, 6년 뒤 정계에서 물러나 다시 밧볼에서 목회를 하였다. 말년에는 노동자의 자녀들을 돌보는 어린이집을 운영했다.

인간 소외 극복을 꿈꾼
종교 사회주의자

Paul Johannes Tillich

_ 목사님이 왜 사회주의를?

자본주의 체제만 종교를 인정한다? 어떤 자리에서 '체제'에 대한 이야기가 나오면 나는 '사회주의적 정책'을 펴는 것이 그 나라의 '바른 발전'에 얼마나 도움이 되는지 이야기하곤 한다. 내가 목사라는 것을 떠벌리고 다니지는 않지만, 그렇다고 감출 것도 아니기에 나랑 서너 번 만나는 사람들은 내가 목사라는 것을 알게 되고, 예의 '체제'에 대한 이야기가 진행될 때 예외 없이 말한다. "목사님인데… 사회주의에 호의적이신 것이 이해되지 않는다."

한 나라가 대외적으로 표방하는, 또 대외적으로 인정되는 '체제'가 자본주의이든 사회주의이든 그 나라에서 펼치는 각종 정책이 '사회주의적'일 수 있다는 것, 특히 '속세 국가'에서 필연적으로 발생할 수밖에 없는 빈부 격차를 좁히려는 정책들은 '사회주의적 정신'에 기초하여 입안될 수밖에 없다는 점을 강조하면 그들은 다시 말한다. "어떻든 사회주의 국가는 종교를 인정하지 않잖습니까?" 왼쪽 가슴에 손수건 달고 다닐 때부터 들었던 말이다. 이론적으로 사회주의 체제가 종교를 인정하지 않는다는 말도 어이없는 말이려니와 자본주의 체제가 종교를 인정한다는 말도 황당하긴 마찬가지이다. 세상 어느 '체제'가 종교를 인정하나?

주지하는 대로, 이 나라에서 교회를 다니는 많은 사람들이 '하느님을 믿는 것'과 '미국을 모국으로 삼는 것'을 동일하게 받아들이고 있다. 보수적인 기독교인들이 모이는 집회에는 예외 없이 성조기가 등장한다. 미국을 반대하는 것은 빨갱이들이나 하는 짓이니 교회에 다니는 사람이 빨갱이일 수는 없을 터, 그네들 입장에선 당연한 행동일 수 있겠다. 그러나 과연 기독교 신앙은 친미적이어야 하는지(그게 꼭 미국이라서뿐 아니라 기독교인으로서 어떤 특정한 나라를 추종하는 것이 가능한지), 인류가 만들어 낼 수 있는 최고의 경제 체제가 자본주의인지 돌이켜 고민할 수 있지 않을까 한다.

대단한 이론가들의 주장을 빌지 않더라도 내가 남을 짓밟아야 더 많은 돈을 벌 수 있는 체제, 잠시라도 머뭇거리면 뒤처지는 체제가 성경의 여러 '말씀'들과 맞아떨어지는지 그 정도는 생각해 봐야 하지 않을까 싶다. 이 나라에서 신앙인이라 자처하는 사람들은 그런 고민을 할 겨를이 없는지 모르겠지만, 유럽에 있는 신앙인들은 그런 고민을 심각하게 했던 것 같다. 교회를 다닌다면, 성경에 쓰여 있는 '말씀'을 믿는다면, 그래서 이 땅을 이끄는 '어떤 존재'가 있다는 것을 믿는다면, 나 말고 다른 사람의 삶이 윤택해지는 것을 어떻게 보장할 것인가 하는 문제 말이다.

_기독교 사회주의와 종교 사회주의

기독교와 사회주의를 연결하는 사람들은 대부분 '기독교 사회주의'를 떠올린다. 그러나 기독교 사회주의와 종교 사회주의는 많은 부분에서 차이가 나는 이론이다.

기독교 사회주의는 19세기 중엽에 자본주의 사회의 악마적 착취와 그에 따른 위기의 장기화 등을 타개하려고 영국의 킹슬리(Charles Kingsley), 모리스(F.D.Maurice), 루드로(J.N.Ludlow) 등이 주창한 운동이다. 1850년에 '기독교 사회주의'라 불린 이 운동은 신자들이 사회 문제에 대해 무관심한 것을 배격하고, 경제적 사회악에 대해 도전하는 것을 기독인의 의무이자 하느님의 명령으로 받아들였다.

이후 미국, 일본 등으로 번진 이 운동은 본질적으로 '교회를 위한 운동'이며 교회의 신앙 부흥을 목표로 하고 있었다. 곧 사회 문제에 대한 교회의 예언자적 자세를 확립하는 것이었다. 그러므로 이 운동은 가난한 자, 눌린 자, 학대 받는 자, 약한 자들을 위한 교회의 저항 운동이었으며, '전투적 교회'라는 모델을 채택했다. 반면 패배와 절망의 궁지에서 헤매는 자들에게는 적극적인 사랑의 모습을 보임으로 그들을 그 상황에서 구출해 내는 것, 곧 정의의 실현을 목표로 하고 있었다.

이와 달리 종교 사회주의는 근본적으로 교회를 위한 운동이 아니고, 교회와 사회의 벽을 허무는 운동이었다. 교회가 되었든 세계가 되었든 모두 '그리스도의 주권' 아래에 있기 때문에 교회와 세계를 두 영역으로 나눌 수 없으며, 오히려 '주권' 아래에 있다고 인정되는 교회보다 교회 밖, 속세에서 '주권'을 더 많이 찾아야 한다고 했다.

그런데 교회 밖의 여러 '운동', '현상'에서 그리스도의 주권을 찾자면 어떤 '이론'이 가장 '성경적'인지 따지는 것이 필요하다. 종교 사회주의는 사회 현상을 유지하려는 보수적 전통 교회보다 세계 혁명을 부르짖는 사회주의의 실천적 역동성 속에서 종교적 의의를 찾았다. 그러므로 종교 사회주의자들은 기독교 사회주의자들처럼 마르크스주의를 교회에 반하는 이론으로 생각하지 않고 포용하려 했다. 마르크스주의가 갖는 반종교성이나 무신성에도 불구하고 거기에 더 특별한 하느님의 경륜과 손길이 있다고 믿었다.

_종교 사회주의자 틸리히

자본주의가 전성하던 시대에 노동자들의 참혹한 삶을 목도한 요한 블룸하르트는 '하느님 나라'에 대한 설교에서 종교 사회주의의 불씨를 지폈고, 그의 아들인 크리스토프 블룸하르트는 '하느님의 사랑'이 교회만의 전유물이 될 수 없으며, 종교가 없는 사회라 하더라도 하느님의 영역이고, 그렇다면 마땅히 사회주의도 하느님의 사랑을 받는 곳으로 생각했다. (이 책 '크리스토프 블룸하르트' 편 참조) 하느님의 사랑은 그만큼 깊고 넓다는 것이었다. 이후 그는 당시 유일한 사회주의 정당인 사회민주당의 당원이 되고 노동 운동에 투신하게 된다.

크리스토프 블룸하르트의 영향으로 나중에 종교 사회주의의 지도자가 된 요(Joh), 뮬러(Mueller), 로츠키(Lhotzky), 쿠터(Kutter), 라가츠(Ragaz), 젊은 시절의 칼 바르트(Karl Barth), 에밀 브루너(Emil Brunner), 틸리히(Tillich), 하이만(Heimann), 멘니케(Mennicke), 덴(Dehn) 등이 그를 뒤따랐다. 이들의 공통점은 사회주의 노선을 표방한 사회민주당을 적극 지지했다는 점이다. 라가츠나 쿠터는 사회민주당이 사회 정의에 아무런 관심도 영향력도 없는 기성 교회에 대한 "하느님의 가차 없는 채찍질"이라고 했다. 특히 라가츠는 사회주의를 "장차 도래할 하느님 나라의 빛"이라고 했다.

물론 이들이 모두 같은 생각과 행동 방식을 취했던 것은 아니다. 혹은 정치 일선에 직접 나서기도 했고, 혹은 적극적으로 지지하기만 했다. 나중 모습도 모두 같진 않았는데, 라가츠의 경우 1차 대전 이후 러시아에서 공산 혁명이 일어났을 때 그 운동에 환멸을 느끼고 종교 사회주의를 종교적 의미로만 국한했다. 칼 바르트도 후에 "하느님의 의지를 특정한 정치적 지향점과 동일하게 볼 수 없다"면서 종교 사회주의를 떠났다.

틸리히는 1918년 독일 혁명 이후, 여러 교수들을 규합하여《종교 사회주의 신문》을 발간하면서 종교 사회주의와 관계를 맺었다.

틸리히가 종교 사회주의 운동에 적극적으로 임했던 이유는, 첫째로 그를 둘러싼 사회적 여건에 있다. 1차 대전 중 틸리히는 국민들이 계급적으로 분열되고 적대적인 관계로 대립된 것을 안타깝게 생각했다. 그런데 교회는 이런 상황을 수수방관하며 오히려 지배 계급과 결탁하였다. 틸리히는 기성 교회가 무산자의 인권에 무관심한 것을 개탄하였다.

둘째, 그는 1차 대전에 참전한 경험으로, 사회주의 혁명만이 제국주의의 계급 분화를 타파할 것으로 믿었다. 혼돈과 전쟁 속에서 사회주의 혁명의 아침은 밝아오고 있었다. 부르주아 시대는 가고 프롤레타리아의 시대가 오고 있었다. 이런 상황에서 그는 초월적 메시지와 사회주의 혁명을 연결할 수 있는 그 무엇이 절실하게 요청되고 있음을 알았고, 그것이 종교 사회주의였다. 틸리히는 이러한 시대의 징표를 '제2의 카이로스(kairos)'라고 했다. 틸리히에 따르면, 구체적인 상황 속에서 어느 순간에 이르면 하느님 나라의 핵심적인 현시가 역사 안으로 임하는데, 바로 이런 성숙한 시간을 신약에서 '시간의 성취' 곧 카이로스라고 한다. 이 두 번째 카이로스는 새 소망을 불러일으키는 창조적인 시간이었다. 틸리히는 카이로스라는 개념에서 사회주의 운동의 진가를 평가하려 했다.

_ 틸리히가 본 마르크스주의

틸리히는 세계적 위기상황에서 종교 사회주의를 받아들였고, 이것만이 부르주아 문화·사회로부터 프롤레타리아의 인간 소외를 극복하는 길이라 생각했다. 당연히 틸리히는 사회주의 운동을 외적인 경제적 제도의 변혁이나 노동 계급의 투쟁으로 그치지 않고 노동자의 자기 소외를 철폐하는 것이어야 한다고 주장했다. 종교 사회주의는 사회주의 운동의 본래적인 사명을 자각시키며 인간 소외를 치유하는 처방이었다. 사회주의가 외적 혁명만 아니라 부르주아로 인해 발생한 인간 소외, 더 구체적으로 비인간화에 대한 항거로 발생한 것이라면 종교와 반목될 수 없으며 적대적일 수 없다. 왜냐하면 종교란 인간 소외에 대한 해방을 위한 것이기 때문이다.

그러므로 틸리히에겐 종교 사회주의와 마르크스주의가 '인간 소외를 극복하기 위해 인류 최대의 사명을 띤 공동체'였다. 마르크스주의적 사회주의가 계급 이기주의를 강화하고 지나치게 적의를 발산할 때, 종교 사회주의는 보다 높은 차원에서 부도덕한 과오를 저지르지 않도록 하며 공동 운명을 개척하는 역할을 한다고 봤다.

틸리히의 종교 사회주의와 마르크스주의는 인간 실존이 본래 가져야 할 위치에서 빗나갔다는 사실에 주목했다는 점에서 일치하고 있다. 노동자들은 외형은 인간이나 인간으로 누릴 자유가 없는 사물이나 다름없다고 봤다. 곧 노동자들은 부르주아 사회에서 하나의 인격체로 존재하는 것이 아니고 수단으로 존재하는 것이다. 생산과 교환이라는 경제적 메커니즘에 의해 노동자들은 인간 상실의 처지에 놓이게 된다. 이를 두고 틸리히는 '프롤레타리아의 상황'이라고 했다. 틸리히는, 이런 '상황'에서 노동자가 자신의 생명을 유지할 유일한 도구인 노동력마저 위협받게 되며 상시적으로 실업의 위험에 노출되어 있기 때문에 '불안정'하며, '고독'하다고 봤다. 그래서 노동자들은 '절망'에 빠져 있다는 것이다. 그렇기 때문에 프롤레타리아는 이 '상황'을 극복하려고 노동력의 사유화를 반대하며 생산이 공유되는 사회의 확립을 추구하게 된다.

또 하나의 일치된 지점은 '돈'에 대한 입장이다. 돈 때문에 인간 관계가 왜곡되고 결국 인간의 소외가 일어난다는 점에서 틸리히와 마르크스는 일치하고 있다. 노동자들이 먹고 살기 위해 노동력을 파는 것이 당연한 시대에 그로 인해 인간성이 파괴되고 인간이 본질적으로 누려야 할 자유를 박탈당했다는 점에서 둘은 궤를 같이 하고 있다.

이상과 같은 여러 공통점이 있었고, 실제로 틸리히가 마르크스 주의에서 받은 영향도 크지만 최종 해결점은 차이가 있다.

_ 인간 소외를 극복하는 신률

틸리히가 평생의 과업으로 생각했던 것은 "인간의 소외를 어떻게 극복할 것인가?" 하는 점이었다. 소련에서 시도한 공산 세계 건설도 인간을 소외하는 것은 마찬가지라고 봤다. 틸리히는 공산주의를 자율에 반하는 타율적 체제로 규정하였고, 그 타율이 절대화되어 인간을 구속하고 억압하는 것을 개탄하였다. 그는 타율적인 '제도', 곧 전체주의나 공산주의로는 인간의 소외를 극복할 수 없다고 판단하였다.

그래서 그는 종교 사회주의를 통해 인간 소외를 극복할 수 있다고 봤으며, '그리스도의 구속'을 사회주의 운동 속에 불어넣음으로 새로운 사회를 건설할 수 있다고 확신하였다. 그래서 자율도 타율도 아닌 '신률(神律)'이라는 개념을 도입하였다. '신률'이 지배하는 사회에서는 자율의 현상들인 자기 만족성, 개인주의 등이 종적을 감출 것이며, 타율에 의한 비인간화, 물건화(物件化), 도구화 등이 극복될 것으로 확신했다. 이런 이론을 기초로 틸리히는 그런 신률이 지배하는 날을 기다려야 한다고 주장했다. 이것이 그의 '거룩한 공백기론(Sacred Void)'이다.

　그러나 그날은 2차 대전이 끝난 후에도 오지 않았다. 지금 우리의 처지를 보면 조만간 그날이 올 것 같지도 않다. 그러나 교회를 다니는 사람이 사회의 문제에 대해 인식하면서 소외되고 착취 받는 사람들에게 어떤 자세를 취해야 하는지 고민한다면, 틸리히의 사상이 꽤 중요한 교과서가 될 듯하다.　　　　　　　　　_서민식

●● 폴 틸리히 Paul Johannes Tillich, 1886~1965

독일 출신의 미국 신학자. 베를린 대학, 튀빙겐 대학, 할레 대학 등에서 신학과 철학을 공부하고 제1차 세계 대전 당시 종군목사로 복무하였다. 베를린 대학 강사로 출발, 마르부르크 대학, 드레스덴 대학, 라이프치히 대학 등에서 교수로 재직했으나 종교적 사회주의의 이론적 지도자로서 히틀러에게 추방되어 1933년 미국으로 망명했다. 이후 뉴욕 유니언 신학대학, 시카고 대학 등에서 교편을 잡았고 퇴직 후에는 하버드 대학에서 초빙교수로 있었다. 그의 사상에는 M.켈러, F.W.J.셸링의 영향을 받아 실존주의적 요소가 짙었다. 신학과 철학을 문답의 관계로 이해하여, 상황 속에 포함되는 물음을 존재론적으로 분석함과 동시에 그 대답을 그리스도교의 여러 상징에서 찾아내는 것이 그의 신학의 특징이다. 저서에 《조직신학(Systematic Theology)》(1951~1963), 《존재에 대한 용기(Courage to Be)》(1952), 《새로운 존재(The New Being)》(1955) 등이 있다.

30 윌리엄 모리스 _

예술과 노동의 결합 꿈꾼
현대 디자인의 아버지

William Morris

_ 사회주의자 모리스

"현대 사회의 본질적 특징은 예술과 생활의 즐거움을 뺏는다고 나는 믿는다. 그리고 그런 사회가 없어지면 인간의 타고난 아름다움에 대한 사랑과 그것을 표현하고자 하는 욕구는 더 이상 없어지지 않을 것이고, 예술은 자유롭게 될 것이다."

디자이너, 공예가, 시인, 판타지 작가, 책 제작의 장인, 고건축물 보호운동가. 이 모든 분야에서 업적을 남긴 윌리엄 모리스는 당대에는 시인으로 명성을 얻었고, 지금은 '현대 디자인의 아버지'로 널리 알려져 있다. 건축가 발터 그로피우스가 1919년 설립했으며 현대 조형예술 분야에서 큰 획을 그은 바우하우스는 윌리엄 모리스의 '미술공예 운동'으로부터 큰 영향을 받았다. 판타지를 하나의 문학 장르로 자리 잡게 했다는 《반지의 제왕》의 작가 J.R.R 톨킨도 윌리엄 모리스의 로망스(romance) 《세계 저편의 숲(The Wood beyond the World)》(1894), 《세상 끝에 있는 우물(The Well at the Worlds' s End)》(1896)등의 영향을 받았다.

다방면에 재능을 보인 예술가 윌리엄 모리스는 사회주의자였다. "예술의 창조와 그것에 따르는 일의 즐거움은 회화나 조각 등의 예술 작품에만 한정되는 것이 아니라 모든 노동의 일부이고, 또한 그렇게 되어야 한다"는 신념은 40대의 윌리엄 모리스가 사회주의자가 되도록 이끌었다.

윌리엄 모리스는 1834년 런던 동북부에 있는 왕실 전용 에핑 숲으로 둘러싸인 월섬스토에서 부유한 증권 중개업자의 셋째로 태어났다. 에핑 숲은 모리스가 평생 자연을 사랑하고 꽃과 나뭇잎을 소재로 벽지 등을 디자인하는 데 영향을 미쳤다.

모리스는 1848년 사립 기숙학교인 말버러 칼리지에 입학했다. 그곳에서 중세 역사와 고딕 건축에 관한 책을 탐독했다. 1851년 교내 폭동으로 퇴학을 당한 후 옥스퍼드에 입학하기 위해 가정교사에게 교육을 받았다.

1853년 성직자가 되기 위해 교회의 권위 회복을 위한 운동의 중심지였던 옥스퍼드에 입학했으나 오히려 중세 역사와 당시의 사회 문제에 관심을 쏟았다. 모리스는 옥스퍼드에서 평생의 친구가 된 화가 번 존스(Burne Jones)를 만났고, 그의 사상의 토대가 된 러스킨(John Ruskin)과 칼라일(Thomas Carlyle)의 저작을 탐독했다.

특히 사람이 일하면서 경험하는 즐거움이 사회의 기초에 존재함을 주장한 러스킨의 예술론은 모리스의 평생에 영향을 끼쳤다. 러스킨은 중세의 고딕 건축을 행복한 노동의 산물로 예찬했으며 빅토리아 시대의 육체노동과 정신노동, 노동자와 지식인 사이의 분리와 차별을 비판했다. 모리스는 러스킨의 사상을 받아들여 중세에는 개인과 사회 사이에 올바른 상호작용이 존재했고 노동이 분절되지 않아 노동의 즐거움이 있었다고 보았다. 그는 중세에는 일상적인 노동이 일상의 예술 창조로서 즐거움의 표현이었다고 생각했다. 그래서 그는 고딕 문화를 낳은 중세의 자유 도시를 유토피아의 모델로 삼았다.

그가 오랜 시간이 지나 저술한 로망스 《에코토피아 뉴스(News from Nowhere)》(1890)는 2150년대의 이상 사회를 그리고 있다. 그가 묘사한 사회는 "사람의 능력을 노동에 맞추지 않고, 사람의 노동을 각자의 능력에 맞추는" 사회였다. 공상과학 시대가 아닌 14세기 중세를 연상케 하는 그 사회는 대도시의 인구는 분산되고 자연과 공존하는 작은 도시들은 자유로운 노동과 평등한 자치를 실현하고 있다.

노동 그 자체에 있는 예술적 가치에 주목한 모리스는 빅토리아 시대의 노동자들, 기계에 종속되어 분업화된 비숙련 노동자들이 예술로부터 소외된 것에 분노했다. 그래서 노동에서 즐거움을 얻을 수 없는 자본주의를 극복하고자 했다. 그의 이러한 예술관은 40대 이후 사회주의자로 활동하게 된 사상의 배경이 되었다.

_ 레드하우스의 경험

1855년 여름 옥스퍼드 시절 모리스는 친구들과 함께 프랑스 북부

지방의 중세 고딕 성당들을 방문했으며 파리에서는 자연에서 겸허하게 배우는 예술을 표방한 '라파엘 전파'의 로세티(Dante Gabriel Rossetti)의 작품에 매료되었다. 모리스의 이 여행은 성직자로서의 꿈을 접고 예술가로, 건축가로 살아가고자 결심한 계기가 되었다.

1856년 초 옥스퍼드를 졸업한 모리스는 고딕 부흥주의자로서 당대 저명한 건축가인 스트리트(George Edmund Street)의 제자가 되었다. 스트리트의 사무실에서 만난 웨브(Philip Speakman Webb)는 평생의 친구이자 정치적 동지가 되었다. 그러나 그는 번 존스의 스승이 된 로세티의 제안으로 9개월 만에 건축가의 길을 끝냈다. 화가의 길을 걷겠다고 다짐한 그는 '라파엘 전파'에 가입하기도 했다. 모리스는 1859년까지 회화 공부에 열중했다.

1857년 여름 모리스는 로세티, 번 존스, 라파엘 전파 화가들과 함께 옥스퍼드 대학의 박물관과 학생회관의 천장과 벽에 '아서왕의 죽음'을 주제로 프레스코 화를 그렸다. 이 벽화는 완성하지 못했지만 모리스는 중세 고딕식 공동 제작의 즐거움을 깨달았다. 무엇보다 실내 장식의 실제를 조직적이고도 세부적으로 계획한 최초의 경험이었다.

이 경험은 '레드하우스' 건축에서 디자인 회사 설립으로 이어졌다. 1859년 그의 신혼집으로 건축된 레드하우스의 설계, 건축, 실내

장식은 웨브와 모리스가 중심이 되었다. 모리스는 레드하우스를 채운 가구를 디자인했으며 친구들과 공동 작업으로 완성했다. 모리스는 "예술이 낳은 것 중에서 가장 중요한 것이 무엇이냐고 묻는다면 아름다운 집이라고 답하리라"고 했는데 이는 "건축은 모든 예술의 종합, 즉 서로 돕고 서로 조화되도록 종속하는 여러 예술의 융합"이라고 생각했기 때문이었다. 레드하우스는 이를 실천한 첫 작품이었다. 중세 고딕풍의 레드하우스는 간소함과 소박함, 그 기능성, 이를 추구한 이들의 예술론으로 근대 건축의 출발점이 되었다. 레드하우스는 회화나 조각 등의 순수 예술이 아니라 생활 예술의 중요성을 설파한 '미술공예 운동'의 요람이 되었다.

레드하우스 건축의 경험을 바탕으로 1861년 모리스, 번 존스, 로세티, 웨브 등이 공동 경영자로 '모리스·마셜·포크 회사'를 설립했다. 당시 기계로 제작된 조잡한 제품과 예술가들의 비싼 장식 예술품을 비판하며 모든 생활용품을 예술가의 손으로 직접 아름답게 만들어 저렴하게 판매하겠다는 취지로 설립했다. 벽화, 벽지, 장식, 스테인드글라스, 조각, 자수, 가구 등 모든 영역에서 작품을 만들었다. 모리스·마셜·포크 회사는 1874년 '모리스 회사'로 개편되었다.

모리스의 사업은 번창해서 1877년 런던에서 가장 번화한 옥스퍼드 가에 상점을 낼 정도였다. 1881년에는 런던 교외에 2만 8천 제곱

미터 규모의 공장을 새로 지었으며 3년 후에는 100여 명의 노동자를 고용했다. 그러나 모리스 회사의 노동자들은 그의 감독 하에서 기계적인 노동에 시달렸으며 그들이 만든 제품들은 높은 가격에 팔렸다. 노동의 즐거움의 표현으로서의 예술, 공동 작업의 가치, 소외되지 않는 노동, 이 모든 것을 추구하고자 설립했던 모리스의 회사도 여느 기업과 마찬가지로 자본주의 시대의 기업일 뿐이었다.

모리스의 가정사는 행복하지 않았다. 1857년 가을 모리스는 로세티의 모델이자 마부의 딸인 제인 버든(Jane Burden)을 만났고 1859년에 결혼을 했다. 그들은 제인과 메이 두 딸을 낳기도 했지만 제인 버든은 로세티를 사랑했다. 부유한 모리스를 배우자로 선택한 것뿐이었다. 버든은 로세티와 내연의 관계를 지속했다. 버든을 저버릴 수 없었던 모리스는 1872년부터 버든과 로세티와 셋이서 동거를 하기도 했다. 1874년 모리스 회사 개편 당시 이 회사의 공동 경영자 중 하나였던 로세티와 결별했으며 평생 그를 증오하며 살았다.

_실천하는 예술가로서의 현실 정치와 사회 활동

윌리엄 모리스는 40대가 되어서야 현실 정치와 사회 활동에 발을 들여 놓았다. 1876년 터키가 불가리아 기독교도를 학살했음에도 러시아의 남하를 견제하기 위해 영국의 보수당 정부는 터키를 지원했다. 이에 분노한 모리스는 동구 문제 협회에 가담했고 자유당원이 되었다.

1877년에는 고딕 부흥주의자들이 양식의 통일을 위해 대성당 등을 훼손하고 획일적으로 복구하려는 움직임을 막고자 모리스는 고건축물 보존 협회 결성을 주도했다. 이 활동은 이탈리아로도 확대되어 그는 산마르코 성당 보수 공사 반대 운동 등에도 참여했다. 문화유산을 보호한다는 미명 아래 그 유산의 역사성을 무시하는 현대의 상업적 복원을 지금보다 1세기 전부터 경고한 선구적 활동이었다.

동구 문제 협회는 분열했고 자유당은 아일랜드를 탄압하는 데에 찬성했으며 자유당을 들락거리는 노조 지도자들은 투표권에만 관심을 기울이자 모리스는 이들 모두를 불신하게 되었다. 모리스는 1883년 진보적인 정치 단체인 민주 연맹에 가입했다. 민주 연맹은 보통선거권 실현, 은행·철도·토지의 국유화, 하루 8시간 노동시간제 확립 등을 주장했다. 모리스는 민주 연맹에서 영국의 사회주의 운동을 형성한 하인드먼, 백스, 마르크스의 막내 딸 엘리노어와 그의 남편인 에이블링과 함께 활동을 했다. 민주 연맹은 사회민주연맹으로 개칭하면서 사회주의 노선을 분명히 했다.

민주 연맹이 세를 확장하자 하인드먼은 의회 정당으로 전화하려고 했다. 이에 반발한 모리스는 1884년 말 엘리노어, 에이블링 등과 함께 연맹을 탈퇴하고 사회주의 동맹을 결성했다. 이 단체는 국가 사회주의를 거부하고 혁명적 사회주의를 지향했다. 모리스는 사회주의 동맹의 기관지 《커먼윌(Commonweal)》을 편집했으며 그가 사는 곳인 해머스미스의 지부를 지도했다. 1889년 모리스는 《커먼윌》에 〈에코토피아 뉴스(News from Nowhere)〉를 연재했으며 이듬해 단행본으로 출간하였다.

1886년과 1887년 두 해에는 실업자들의 시위와 조직 노동자들의 파업이 잇따랐다. 1887년 11월에는 런던의 트라팔가르 광장에 모인 노동자들의 시위를 군경이 폭력으로 진압해 두 명이 사망한 '피의 일요일' 사건이 벌어졌다. 이 사건은 싸움에도 불구하고 큰 성과를 얻지 못한 사회주의자들에게 회의를 안겼으며 그 후에 엘리노어 등 다수가 '블룸즈버리 사회주의자 연맹'을 결성해 페이비언 협회나 사회민주 연맹과 연대하는 의회주의 전술로 돌아섰다.

의회주의를 거부한 모리스는 아나키스트들과 함께 사회주의 동맹에 잔류했으나 1890년 아나키스트들과도 결별했다. 동맹의 해머스미스 지부를 '해머스미스 사회주의 협회'로 전환하고 죽을 때까지 이 단체를 발판으로 사회주의 활동을 펼쳤다. 모리스는 1893년에는 사회주의 동맹, 사회민주 연맹, 페이비언 협회 등을 통합하기 위한 노력도 펼쳤으나 성과는 없었다.

모리스는 1877년부터 죽을 때까지 20년 간 사회주의, 예술, 건축, 디자인 등 다양한 주제로 600회 이상의 강연을 했다. 이는 그의 정치적 이상을 실현하기 위한 활동이었다.

당대에는 시인으로 인정받던 윌리엄 모리스는 1858년 첫 시집 《귀네비어의 항변》을 발행했지만 비평가들로부터 혹평을 받았다. 1865년 집필하기 시작해서 1868년부터 1870년에 발간된 〈지상낙원〉 시리즈로 유명한 시인이 되었다. 모리스는 1877년 옥스퍼드 대학으로부터 시학 교수로 초빙되었고 1892년에는 영국 계관시인으로 추대되었지만 모두 거절했다. 실천하는 예술가이길 원했기 때문이다.

모리스는 말년에는 켈름스코트 출판사를 설립(1891)해서 이상적이고 아름다운 책을 만드는 일에 혼신을 쏟았다. 책 표지의 장정에서 활자 디자인, 레이아웃까지 치밀한 작업은 마치 건축과 다름없었다. 1896년 만들어진 《초서 작품집》은 세계 3대 아름다운 인쇄본 중 하나로 찬양받고 있다.

모리스는 1896년 10월 예순둘의 나이로 해머스미스의 자택에서 운명하였다. 묘비의 디자인은 레드하우스를 설계했던 웨브가 담당했다. 죽음을 지켜본 의사는 그가 죽은 원인을 윌리엄 모리스였기 때문이라고 했다. 그는 "평생 열 사람 몫"을 한 것이다. _문성준

●● 윌리엄 모리스 William Morris, 1834~1896

영국의 건축가 · 공예가 · 시인. 현대 디자인 공예 이론의 선구자, 현대 건축의 아버지로 불린다. 성직자를 꿈꾸었으나 옥스퍼드 대학을 졸업 후 예술가로서의 길을 걸었다. 건축, 벽지, 타일, 스테인드글라스, 가구 등 실내장식의 모든 분야에서 뛰어난 디자인 감각을 보여 주었고, 책 자체가 하나의 예술 작품이라고 평가받을 정도로 아름다운 책을 만드는 일에도 심혈을 기울였다. 사회주의자로서 당시 부흥하던 자본주의의 기계 문명과 노동의 소외를 비판한 그는 예술가로서 노동의 즐거움, 노동과 예술의 결합을 꿈꾸었다. 그가 추구한 유토피아는 중세의 자유 도시를 모델로 하였는데, 역작《에코토피아 뉴스》(1890)를 통해 당시의 자본주의 세계를 비판하며 21세기 후반에 실현될 이상적 사회주의 세계를 제시했다. 시인으로서《제이슨의 생애와 죽음》(1867),《지상 낙원》(1868~1870) 등의 작품을 남겼다.

Red
열정·진보·유혹의 컬러

장석원

*01 붉은 욕망_
사랑의 컬러, 소비의 컬러

'빨강' 은 가장 원초적인 색깔이다. 인류학자들은 유인원의 단계를 막 벗어난 인류가 흑백이라는 명암의 단계를 지나 가장 먼저 인식한 색깔이 다름 아닌 빨강이라고 추측한다. 언어학자들의 연구도 마찬가지다. 언어학자들은 어느 언어에서건 검은색과 흰색이라는 단어가 먼저 생기고 뒤이어 붉은색을 지칭하는 단어가 생겼다고 본다. 그래서 빨강이라는 단어가 '색깔' 이라는 뜻을 함께 가지는 언어도 많다. 예를 들어 에스파냐어의 '콜로라도(colorado)' 는 '붉은' 이라는 뜻과 '색' 이라는 뜻을 동시에 가진다.

우리의 첫 번째 조상들이 붉은색을 그 어떤 색보다 먼저 '발견' 하게 된 것은 자연 속에 붉은색만큼 강렬하고 인상적인 컬러가 없기 때문이다. 동굴에서 벗어난 인류가 고개를 들고 처음 본 것은 하늘에서 붉게 타고 있는 태양이었다. 그들은 힘들여 잡은 사냥감에서 흐르는 붉은 피를 보면서 생명에 대해 생각하게 됐다. 시뻘겋게 타오르는 불꽃은 공포와 숭배의 대상이면서 동시에 생존의 무기가 됐다. 그리고 푸른 들판 이곳저곳에 점점이 핀 붉은 꽃을 보면서 처음으로 아름다움을 생각하게 됐다.

빨강은 인류가 최초로 발견한 색이자 우리의 원초적 기억 깊은 곳에 가장 강렬한 인상을 남긴 색이다. 그래서 우리는 지금도 붉은색에 대해 가장 격렬한 심리 반응을 보인다. 또한 인류 문명에서 붉은색만큼 다양한 의미를 획득한 색도 드물다.

_ 자연 속의 레드

머나먼 옛날 인류의 조상들이 자연 속에서 만난 붉은색은 태양, 노을, 불, 단풍, 과일과 꽃이었다. 이런 것들은 왜 붉은색을 띠고 있는 걸까?

저녁노을이 붉게 보이는 이유는 태양 광선이 지표면을 통과할 때 파장이 짧은 푸른색의 빛은 공기 분자 또는 미립자에 의하여 산란되어 버리는 반면 파장이 긴 붉은색의 빛은 산란되지 않아 멀리까지 퍼져가기 때문이다. 그래서 하늘이 붉게 보이는 것이다.

우리의 의식 속에 불꽃은 항상 붉은색이다. 어릴 적부터 불을 그릴 때는 항상 빨간색으로 칠한다. 그러나 실제로 불꽃은 노랑 아니면 파란색이다. 또한 성냥개비의 색은 여러 가지가 있지만 그림을 그릴 때는 언제나 빨간색으로 성냥 머리를 색칠한다. 불은 붉은색이라는 관념과 연관이 있다고 한다.

붉은 단풍은 잎 속에 있는 '안토시안'이라는 물질 때문에 생긴다. 안토시안은 딸기, 자두, 포도 같은 과일이 붉은빛을 띠게 만드는 물질이기도 하다. 과일의 붉은색을 만드는 물질은 체내에서 항산화 물질로 작용하는 것으로 알려져 있다. 항산화란 노화로 생긴 활성 산소가 세포 등을 해치는 것을 막아 주는 것을 말한다. 반면 토마토의 붉은색을 내는 라이코펜은 항암 기능이 있는 것으로 알려져 있다. 붉은색을 보면 단맛을 연상하는 이유는 들판에서 붉은 과일을 찾던 원시 인류 시절의 경험 때문일 것이다.

붉은 꽃은 흔히 수분을 도와줄 곤충을 유인하기 위해 그런 색을 띠는 것으로 알고 있지만 벌과 같은 곤충들은 색을 구분하지 못한다. 벌은 꽃의 자외선 파장을 보고 꿀이 있는 곳을 찾아낸다.

_ 권위의 레드

붉은색은 권위를 나타낸다. 수많은 문화권에서 붉은색은 종종 왕과 귀족의 상징으로 사용됐다. 신분이 미천한 사람은 옷에 붉은색을 사용하거나 붉은색으로 집을 장식하는 것이 금지됐었다. 붉은색은 지배 계급의 특권을 상징했다. 그래서 1524년 독일 농민들이 귀족의 착취에 대항해 봉기했을 때 그들의 요구 조건에는 빨간 망토를 입을 권리가 들어 있었다. 농민이 빨간 망토를 입는다는 것은 신분의 벽이 무너지는 것을 의미했다. 하지만 이 요구는 결코 수용될 수 없었다.

지배 계급이 붉은 색을 독점했던 이유는 이 색이 지도자에게 강력한 힘을 부여한다는 미신 때문이기도 했지만 붉은색 염료를 만드는 데 막대한 돈이 들기 때문이었다. 중세 이후 부를 축적한 상인들이 출현하기 전까지 신분제의 아래에 위치한 사람들은 경제적인 이유 때문에라도 붉은색 옷을 만들거나 입을 수 없었다. 빨강은 사치의 색이기도 했다.

신분제가 철폐된 현대에도 귀족의 상징으로 사용된 빨강의 흔적은 쉽게 찾아볼 수 있다. 매년 칸 영화제에서 세계적인 스타와 감독들은 '레드 카펫'을 밟고 행사장에 들어간다. 왕의 길을 상징했던 붉은 양탄자는 이제 대극장이나 호텔에 깔려 있다. 신분 제도의 잔재가 강하게 남아 있는 영국에서는 귀족 가문의 족보 백과를 지금도 '레드북'이라고 부른다. 멋쟁이들이 즐겨 입는 '레딩코트'는 영국 왕실에서 여우 사냥을 할 때 입던 빨간 승마 코트(red riding coat)를 줄인 말이다.

이제는 명목만 남은 유럽 왕실이지만 행사 때는 온통 붉은색으로 치장을 한다. 이때의 빨강은 권위의 상징이라기보다는 화려했던 시절에 대한 낡은 추억 정도로 봐야 할 것이다.

_정열의 레드

빨강은 사랑을 나타내는 색이기도 하다. 그러나 처음부터 빨강이 사랑을 표현하는 색이었던 것은 아니다. 서구 문화에서 심장을 상징하는 하트가 사랑의 기호로 채택되면서 심장을 가득 채우고 있는 붉은 피가 상대방을 향한 사랑의 마음으로 받아들여진 것이다. 그래서 밸런타인데이 카드는 온통 빨갛게 만들어진다.

빨강이 사랑을 나타낼 때 그 사랑은 잔잔한 사랑보다는 격정적이고 열정적인 사랑인 경우가 많다. 그 이유는 빨강이 우리 마음 속에서 격렬한 흥분을 일으키는 색이기 때문이다. 투우 경기를 보면 소는 투우사의 붉은 망토를 향해 돌진한다. 그러나 소는 색맹이라 붉은색을 구분하지 못한다. 소를 흥분시키는 것은 망토의 흔들림이다. 정작 망토의 붉은색을 보고 흥분하는 것은 소가 아니라 구경하는 사람들이다. 그리고 그 흥분은 투우사가 소의 등에 칼을 꽂았을 때 흐르는 붉은 피를 보면서 절정에 달한다.

_금지된 레드

빨강이 사랑의 색으로 쓰이면서 에로스와 섹슈얼리티의 상징으로도 받아들여졌다. 그러나 인간의 이 원초적인 욕망은 많은 문화권에서 도덕적 금기로 여겨졌다. 그 결과 빨강은 왕의 상징이면서 동시에 창녀의 색이기도 했다. 중국에서는 사창가를 홍등가라고 불렀다.

빨강은 권위와 지배의 상징이면서 한편으론 은밀한 욕망을 나타내는 색이었다. 그래서 빨강은 쉽게 도덕의 지표에서 부도덕의 지표로 변환됐다. 이 역설은 도덕으로 치장한 문명의 위선을 보여준다.

기독교에서 붉은색은 예수의 희생과 사제의 권위를 상징한다. 그러나 기독교에서 붉은색은 악마와 부정의 색이기도 하다. 종교 회화에서 예수를 배반한 유다는 종종 빨강 머리로 그려진다. 〈주홍 글씨〉에서 청교도들은 부정한 여자로 몰린 헤스터 프린의 목에 주홍색으로 대문자 A라고 쓴 판자를 걸었다. 불륜(adultery)의 첫 글자다.

_ 위험한 색, 레드

빨강이 금기의 색이라는 의미를 더하게 된 후 현대에 들어서는 위험과 금지의 의미도 덧붙여졌다. 체온계나 속도계의 눈금이 빨간 선 안으로 들어가면 위험 상황을 나타낸다. 도로의 위험 상황은 붉은 표지판으로 표현된다. 군사적 긴장이 고조되면 '적색경보'가 발령된다. 빨강은 위험과 경계의 색이다. 그리고 또한 빨강은 금지의 색이다. 신호등의 붉은색은 건너지 말라는 금지의 의미다. 축구에서 레드카드는 선수의 경기장 진입을 금지한다. 스튜디오에 빨간 불이 들어오면 모두들 조용히 해야 한다.

금지할 수 있는 힘을 가지게 된 빨강은 이제 금지된 행위를 위반했을 때나 잘못을 저질렀을 때 이를 교정할 수 있는 힘도 얻게 됐다. 세계 어디서나 선생님은 빨간 연필로 답안지를 채점한다. 그리고 틀린 답 위에 빨간 연필로 정답을 적는다. 선생님의 빨간 연필은 모든 아이들을 긴장시킨다. 원고도 빨간색으로 교정한다. 장부 위의 틀린 숫자엔 붉은 줄을 긋는다.

교정의 최고 권위는 역시 법원이다. 중세에는 사형을 집행할 때 빨간 깃발을 걸었다. 법관은 빨간 잉크로 판결문에 서명했다. 지금도 많은 나라에서 판사들은 붉은색 법복을 입는다.

_ 소비의 레드

맥도날드, KFC, 버거킹, 롯데리아… 왜 유명 패스트푸드 체인은 빨간색 일색일까? 답은 색채 심리학에 있다. 1950년대 미국의 심리학자 피버 버렌이 창안한 색채 심리학은 색상에 대한 인간의 반응, 행동 변화를 연구했다. 버렌의 연구에 의하면 빨강은 사람들로 하여금 단맛을 느끼게 한다. 아울러 식욕을 불러일으킨다.

이 연구 결과가 나오자마자 식품 업계에 붉은색 인테리어 열풍이 불었다. 특히 값싼 맛을 대량 판매해야 하는 패스트푸드 업계에서 이런 현상이 심했다. 식당의 인테리어조차도 단순히 보기 좋은 차원을 떠나 고객의 지갑을 열게 만드는 전략의 일환이 된 것이다.

색채 심리학을 이용한 마케팅은 갈수록 확대되고 있다. 특히 붉은색이 불황으로 침체된 소비 심리를 자극한다는 생각에 레드 마케팅이라고 부를 정도로 빨강을 선호하는 분위기다. 우리나라만 해도 최근 몇 년 사이 BC카드, SK주유소처럼 붉은색을 전면에 내세운 기업 이미지를 만들거나 백색 가전이라는 말이 무색할 정도로 붉은 냉장고, 붉은 노트북 등이 쏟아지고 있다. 기업들은 빨강의 강렬한 이미지가 소비자의 시선을 조금이라도 더 붙잡아 놓고, 자기네 상품의 선택 가능성을 높인다고 믿고 있다.

흰색과 검은색 다음으로 생겼다는 빨강. 원시인들이 벽화에 많이 사용한 원초적인 컬러고, 로마와 중세에 들어와서는 왕과 귀족의 색이라 하여 고귀한 신분의 상징이 됐다. 자본주의의 시작 단계에서는 노동자와 자본가의 대립을 상징하는 색이 됐고 또한 자본주의가 고도로 발전하면서는 오히려 광고와 소비의 색으로 각광을 받는 등 '레드'를 바라보는 사람들의 생각은 꾸준히 바뀌고 있다.

_당신이 구분할 수 있는 빨강은 모두 몇 개?

현재 색채학에서 분류하는 빨간색은 모두 105가지이다. 이중 명도가 가장 낮은 것이 '카드뮴 레드'고 가장 높은 것이 '카르메신 레드'다. 물론 일반인들이 실생활에서 구분할 수 있는 빨강은 10개 안팎이다.

빨강은 다른 색을 혼합해서는 만들 수 없다. 그래서 '일차색'이라고 부른다. 다른 색이 전혀 섞이지 않은 순수한 빨강은 '마젠타'라고 부른다. 그러나 마젠타는 사람들에게 빨간색이 아니라 분홍색으로 인식되어 있다. '붉은 악마'의 응원에 사용된 빨강은 색채학적으로 순수한 빨간색이 아니라 노란색을 섞어 만든 것이다.

요즘은 합성염료를 통해 빨간색을 만들지만 화가들은 여전히 자연에서 추출해 낸 빨간색을 선호한다. 화가들은 꼭두서니의 뿌리를 갈아 만든 '꼭두서니 래커'와 립스틱의 원료로도 쓰이는 코케닐로 만든 빨간색을 쓴다. 코케닐은 선인장에 기생하는 벌레로 1526년 에스파냐 무역상이 아메리카에서 발견했다.

카드뮴 레드는 인공합성된 원소인 카드뮴을 통해 만든다. 빨강 중 가장 가격이 비싸다. 중세 시대 화가나 염색업자들은 케르메스라는 벌레로 빨강을 만들었다. 그러나 모직 10킬로그램을 붉게 염색하려면 케르메스 14만 마리가 필요할 정도였기 때문에 어지간한 돈으로는 케르메스 빨강을 얻을 수 없었다.

※ 이 글은 에바 헬러가 지은 《색의 유혹》(2002, 예담)을 참고로 썼습니다.

*02 역사 속의 레드_
권력의 상징에서 혁명의 상징으로

    현대 사회에서 각각의 정치 이념들은 색깔로 구분된다. 나라별로 차이는 좀 있지만 대체로 청색은 보수주의, 녹색은 생태주의, 흑색은 무정부주의 혹은 파시즘을 상징한다. 적색은 사회주의와 좌파의 상징으로 굳어진 지 오래다.

    그러나 태초부터 사회주의가 있었던 것도 아니고 빨간색의 정치적 의미는 역사의 매 시기마다 달랐다. 크게는 권력과 지배의 상징에서 혁명과 반역의 상징으로 변천했다.

_ 권력의 상징

    고대 로마가 아직 공화국이던 시절 정치인들은 자신의 몸에 붉은 천을 둘러 평민들과 구분했다. 실제로 이탈리아어, 프랑스어 같은 라틴계 언어에서 왕과 빨강을 뜻하는 단어들은 형태가 유사하다. 아마도 로마가 초기 부족 국가이던 시절 이 지역의 족장들은 붉은 장식을 즐겼던 모양이다.

    하지만 공화국을 무너뜨린 정치군인들이 붉은색으로 로마를 치장한 이유는 따로 있다. 고대 로마에서 붉은색은 전쟁의 신 마르스를 상징했다.

로마의 장군들은 출정하기 전에 승리를 기원하기 위해 마르스 신에게 제물을 바치고 그 피를 얼굴에 바르는 의식을 치렀다. 그리고 자기의 부대를 붉게 장식해서 신의 보살핌이 함께하기를 기원했다.

제국이 확대되고 군인이 증가하면서 군인들이 권력을 잡게 되고 자연스럽게 붉은색은 로마의 상징이자 권력의 상징이 됐다. 카이사르 이후 로마의 황제들은 붉은색 천을 몸에 둘러 신성함과 고귀함을 나타내고자 했다. 후에 콘스탄틴 황제가 기독교를 로마의 종교로 받아들였을 때 황제의 붉은 권위는 교황의 상징으로 대물림됐다. 지금도 교황과 추기경은 붉은색 사제복을 입는다.

로마 이후 유럽에서 빨강은 왕과 귀족의 색이었다. 지배 계급의 색이었던 것이다. 여기에는 심리적인 이유도 있었지만 경제적인 이유가 더 컸다. 당시 염색 기술이 발달한 동방과 달리 유럽에서는 빨간색 염료가 가장 비쌌다. 또한 노동 집약적이었다. 빨간색 염색은 다른 색과 달리 많은 인력이 동원되고도 일주일 작업을 해야 됐다. 따라서 붉은색 옷감은 경제적 능력과 권력을 모두 가진 계급만이 소유할 수 있었다. 그러다가 나중에는 아예 신분이 낮은 이들이 붉은색 의복을 갖춰 입는 것을 금지했다.

붉은색은 높은 신분과 낮은 신분을 나누는 상징이 됐다. 그러나 역사를 보면 빨강은 오래 전부터 단결의 상징으로도 사용된 것을 발견할 수 있다.

_ 종교와 빨강

현재 남겨진 역사 기록 중 종교와 빨강의 관계를 언급한 가장 오래된 기록은 이집트에 있다. 이 기록을 보면 태양의 열기가 생명을 위협하는 이집트에서는 빨강을 악마의 색으로 여겼다. 그래서 빨갛게 만든다는 말이 죽인다는 협박의 의미로 사용됐다고 한다. 고대 이집트의 마법사들은 이시스 신에게 빨간 것들로부터 우리를 보호해 달라고 기도했다.

기독교에서 빨강은 예수 그리스도의 수난을 상징한다. 기독교의 교리에서 빨강은 구원을 위해 예수가 흘린 피다. 가톨릭에서 미사 때 포도주를 마시는 것은 성스러운 피를 받아 마시는 의식이다. 그러나 바티칸의 독특한 교계제(Hierarchy)에서 사용하는 붉은색은 예수의 고난이 아니라 로마 황실의 전통에서 비롯됐다.

참고로 지금 우리가 익숙한 산타클로스의 이미지는 코카콜라의 판촉물을 통해 형성됐기 때문에 산타의 붉은 옷도 코카콜라사의 붉은 로고와 연관이 있다고 알려져 있다. 그러나 산타의 붉은 옷은 산타클로스의 모델이 된 성 니콜라스가 주교였기 때문에 당시 주교들이 입던 붉은 주교복에서 유래됐다.

불교의 경우 소승 불교라고도 하는 남방 불교의 경우 붉은색은 승려를 상징한다. 지금도 동남아시아 불교 국가의 승려들은 붉은 사리만 입는다. 남방 불교의 영향을 받은 티베트 불교와 라마교 승려들은 붉고 노란 사리를 입는다.

이슬람은 특별히 붉은색에 신성한 기운이나 혹은 부정적 의미를 두지 않았다. 그러나 십자군 전쟁을 겪은 이후 붉은 십자가에 대한 공포를 가지게 됐다고 한다. 국제 적십자의 경우 이슬람권에서는 붉은 십자가 대신 붉은 초승달을 사용한다. 그러나 같은 이슬람권이라 하더라도 터키처럼 뒤늦게 이슬람을 받아들인 경우 자기네 전통 문화 속의 붉은색과 이슬람 교리를 결합시키기도 했다.

_ 반란의 상징

8세기 후반 지금의 이란에서 일어난 고르칸 폭동(778~779년)에서는 농민들이 붉은 깃발을 들고 싸웠다. 또한 896년 통일 신라의 서남부 지방에서 '적고적(赤袴賊)'이라는 도적떼가 발생했다는 기록이 있다. 적고적은 단결의 표시로 붉은 바지를 입은 데서 비롯된 이름으로 이들은 모두 농민 반군이었다. 중국의 홍건적도 붉은 수건을 단결과 저항의 상징으로 삼았다.

문화사학자들은 초기 농민 봉기에서 붉은 깃발이 자주 사용된 이유가 다른 색에 비해서 잘 바래지 않기 때문이었다고 주장한다. 그러나 전통적인 역사학자들은 붉은색이 주는 강렬한 인상 때문이라고 믿고 있다.

서유럽에서도 16세기 폭동을 일으킨 독일의 농민들이 붉은 깃발을 사용한 것을 비롯해 1760년대 서인도 제도를 무대로 활동하던 여자 해적들은 코뮌을 건설하고 적기를 내걸었다는 기록이 있다. 여해적들은 이 깃발을 프랑스어로 '졸리 루지에(붉고 아름답다는 뜻)' 라고 부르면서 자유를 위한 투쟁의 상징으로 삼았다고 한다.

프랑스에서는 1792년 라파예트에 맞선 시민들이 '왕족들의 반항에 대한 인민의 계엄령' 이라고 적힌 붉은 깃발을 들고 나왔다. 같은 해 자코뱅 당원들도 붉은 깃발을 자유의 깃발로 선언했다.

적기는 이미 1797년에 노동자들이 저항의 상징으로 사용하고 있었다. 영국 해군 기함인 퀸 사롯트 호의 선원들이 포츠머스 항에서 반란을 일으켰을 때 투쟁 기간 동안 적기를 게양했는데 이것은 원래 공격을 의미하는 영국 해군의 신호였다. 이 함대의 제독은 마침내 선원들의 요구를 들어주기로 약속했으나 이 반란의 주동자인 밸런타인 조이스는 선원들에게 킬로든 호를 기억하라고 경고했다. 킬로든 호의 반란은 처음에는 성공적으로 보였으나 선원들이 다시 일터로 돌아갔을 때 당국에서 주모자 열 명의 목을 매달아 버렸던 것이다.

밸런타인 조이스는 자기들이 다시 일터로 돌아가기 전에 처벌하지 않겠다는 내용을 보장하는 국회 법안을 만들어 양원을 통과시켜 줄 것을 요구했다. 해군의 상황이 당시 너무 절박했으므로 수상인 윌리엄 피트는 영국 왕 조지 3세를 협박해 서명하게 함으로써 이 법안은 48시간만에 통과되었다. 넬슨 경의 해군에서만 180건 이상의 유사한 반란이 일어났다. (안나 파츄스카, 《사회주의》, 도서출판 오월, 1990)

_ 좌익의 상징

붉은 깃발이 프롤레타리아 혁명의 상징으로 자리 잡은 것은 1871년 파리 코뮌이 성립된 이후다. 프랑스 대혁명 때도 붉은 깃발이 등장하기는 했지만 당시 프랑스인들이 혁명의 상징으로 여긴 것은 자유, 평등, 박애를 의미하는 삼색이었다. 코뮌의 붉은 깃발은 마르크스와 엥겔스의 주도로 1867년 결성된 제1차 인터내셔널을 통해 국제 노동 계급 운동의 상징으로 채택됐다. 이때부터 노동 운동과 사회주의 운동 하면 붉은 깃발을 떠올리는 전통이 시작됐다.

하지만 사람들의 머릿속에 붉은 깃발의 이미지를 강력하게 심어준 것은 50년이 지나 러시아에서 일어난 볼셰비키 혁명이다. 제1차 세계 대전의 와중에 탄생한 노동자 국가는 온통 붉은 것들 일색이었다. 붉은 깃발, 붉은 별, 붉은 군대 심지어는 붉은 광장까지. 자본주의 국가의 적색 알레르기도 이 때 시작됐다.

적색은 노동 운동의 상징이기도 하다. 1834년 프랑스 리옹에서 비단 직조공들이 봉기했을 때 붉은 깃발을 사용했다는 기록이 있다. 라틴 아메리카나 아시아에서 노동 운동이 붉은색을 선호하는 것은 사회주의의 영향이기도 하지만 일찍이 기독교계 노동 운동이 발달했던 유럽에서는 사회주의라는 의미와 별개로 붉은색을 단결의 상징으로 삼았다. 지금도 프랑스, 이탈리아 등지에 남아 있는 기독교계 노총들 역시 붉은색 로고와 깃발을 사용하고 있다.

_ 붉은 광장은 붉지 않다

모스크바의 붉은 광장은 사람들의 상상과 달리 전혀 붉지 않다.

옛 소련 시절 크렘린 궁전 앞의 붉은 광장을 관통하는 소련 군대의 이미지 때문에 많은 사람들이 1917년 혁명 이후 볼셰비키들이 혁명의 승리를 자축하며 붉은 광장을 만들었다고 생각한다. 그러나 붉은 광장은 러시아 혁명 훨씬 이전부터 '붉은' 광장이라고 불렸다. 전혀 붉지 않은데도 말이다.

그 비밀은 러시아어에 있다. 붉은 광장은 처음에는 상업 광장, 화재 광장 등의 이름으로 불리다가 17세기 말부터 크라스나야(krasnij) 광장이라고 불리게 됐다. 러시아어의 크라스나야는 아름답다는 뜻이다. 즉 아름다운 광장이라는 의미로 붙여진 이름이다. 그런데 러시아어의 크라스나야는 붉다는 뜻도 가지고 있다. 이것이 영어로 옮겨지면서 아름다운 광장 대신 붉은 광장으로 소개됐다.

_공포의 상징

옛 사회주의 국가의 붉은색이 항상 같은 의미였던 것은 아니다. 스탈린 독재가 시작된 후 소련에서 빨강은 혁명과 사회주의의 상징이라기보다 애국의 상징이 됐다. 결정적인 계기는 히틀러와 맞서 싸운 독소 전쟁, 러시아식 표현으로는 조국 전쟁을 거치면서부터다. 모스크바가 함락될 위기를 넘기고 스탈린그라드의 참혹한 공방전을 겪으면서 노동자 국제주의는 조국 방어로, 혁명의 지도자는 자애로우면서도 불가능을 모르는 전능한 아버지의 이미지로 교체됐다. 붉은 군대는 파시스트들로부터 조국을 구한 신성한 영웅이 됐다.

박노자 교수는 한 기고문에서 "위대한 소비에트 연합과 빨간 깃발에 충성을 다짐하는 것이 훌륭한 삶"이라고 배웠던 옛 소련에서의 어린 시절을 떠올리며, 그때의 죽마고우들 중 비판적 지식인을 부모로 둔 친구들조차도 '조국의 부름을 받아 총을 드는 것'을 신앙생활처럼 여겼다고 회상했다.

스탈린 시대에 무자비한 숙청을 통해 희생된 사람들뿐만 아니라 그 이후 소련을 지배했던 스탈린주의 관료들이 저지른 탄압과 전쟁으로 목숨을 잃은 사람들을 생각하면 옛 소련에서의 빨강은 애국과 죽음을 강요한 적색이었다.

이는 중국도 마찬가지다. 문화 혁명의 시대에 얼마나 많은 희생이 있었는지는 지금도 정확히 알지 못한다. 결국 사회주의 역사상 가장 위대한 실험이라고 자평했던 문화 혁명은 홍위병들이 패거리를 나눠 내전을 벌이는 지경에까지 가서야 문화적이지도, 혁명적이지도 않다는 것이 드러났다. 중국 현대사에 깊은 상처를 남긴 문화 혁명 시대의 붉은색은 광기의 홍색이었다.

혁명의 의미를 퇴색시킨 네거티브 레드의 절정은 캄보디아의 폴 포트 정권이다. 1975년 혁명으로 집권한 폴 포트는 1979년까지 150만 명에서 200만 명을 학살했다. 정확한 숫자는 알 수 없다. 농민 공동체 사회를 건설한다는 이유로 지식인과 도시민들을 무차별로 학살했다. 안경을 쓴 사람은 지식인으로 취급돼 무조건 처형됐다는 일화는 유명하다. 이쯤 되면 절망의 레드라고 부를 만하다.

*03 변화의 물결_
레드, 우리안에 살고 있는

　주한 미 대사관의 외교관 그레고리 헨더슨은 젊은 장교들이 일으킨 군사 쿠데타에 반대했다. 이 때문에 차기 주한 미 대사로까지 점쳐지던 그는 정권을 잡은 정치군인들과 불편한 관계가 됐다. 결국 박정희가 이끄는 군사 정권은 1963년 봄, 헨더슨과 합동통신사 리영희 기자가 가진 인터뷰를 문제 삼아 사실상 추방했다. 주한 미국 대사관 정무참사관 그레고리 헨더슨은 한국에서의 '외교관 추방 제1호'로 기록됐다.

　본국으로 돌아간 헨더슨은 1968년 한국 현대사와 정치에 관한 책을 썼다. 그리고 《소용돌이의 한국정치(Korea : The Politics of the Vortex)》라는 제목을 붙였다. 이 책은 출간된 지 40여 년 가까이 지났지만 지금도 여전히 국내외 학자나 언론들이 한국 정치 현상을 설명할 때 인용하고 있다.

　헨더슨이 '소용돌이'라고 표현할 만큼 격동적인 한국 정치 상황은 예나 지금이나 변함이 없다. 그리고 소용돌이의 가운데에는 항상 태풍의 눈처럼 적색에 대한 입장과 태도가 놓여 있었다. 빨강만큼 우리 현대사의 풍랑을 잘 보여 주는 색은 없다. 빨강은 지금도 극단적인 평가를 오고가면서 한반도의 역사를 채워 가고 있다.

_ 한민족의 색채 감각

　이웃 중국의 문화에서 붉은색이 행운이나 길조의 상징으로 오래 전부터 숭상 받아온 것과 달리 한반도에 자리를 잡았던 문화 공동체들은 중국처럼 하나의 색에 과도한 의미를 부여하지 않았다. 백색을 우리 민족의 고유한 색으로 보는 견해도 있지만 오히려 전통적인 단청 문양의 색 조합에서 보듯 우리의 문화는 지배적인 색상의 존재보다는 여러 가지 색깔의 어울림이나 조합을 선호했다.

　이처럼 다양한 색상을 선호하는 문화는 오방색이라는 형태로 체계화됐다. 도교와 관련 있는 중국의 음양오행설이 무속에 수용되어 소재나 색채에서 구체적인 형상과 의미를 내포하는 표현이 오방색이다. 오방색은 황, 청, 백, 적, 흑의 다섯 가지 색을 말한다. 이 다섯 색이 음과 양의 기운, 방위 등과 맞물려 의미 체계를 만들었다.

　오방색은 고구려 고분 벽화의 사신도에서 채색화의 시원으로 발견되었으며, 이는 이후 각 신분과 용도에 맞게 설정된 복식, 공예품, 왕궁과 사찰에서의 단청을 비롯한 전반적인 색채 의식을 형성하는 근간이 됐다. 오방색에서 적색은 남쪽, 여름, 태양, 생성, 창조, 정열, 욕망 등을 가리킨다. 잡귀를 쫓는 의미로 널리 쓰였는데 아이들 손에 봉숭아물을 들이고 동지에 팥죽을 먹는 것이 모두 액막이와 연관이 있는 풍습이다.

　오방색에는 속하지 않지만 한국인이 특히 선호했던 색은 홍색이다. 홍색은 활력과 젊음을 상징하는 반면, 수줍은 처녀의 아름다움을 뜻하기도 했다. 전통 회화에서 미인을 상징하는 색이기도 했다.

_ 복종과 지배의 단심

조선 시대에 이르러 빨강은 처음으로 정치적 의미를 획득했다. 복식 체계를 정비하면서 임금이 입는 곤룡포를 붉은색으로 정했다. 붉은색이 임금의 색이 된 것이다. 그러나 임금의 붉은 옷에는 사대주의의 그늘이 드리워 있다. 조선은 중국의 제후국이기 때문에 제후의 상징인 붉은 곤룡포를 입어야 한다는 논리였다. 중국의 천자는 노란 곤룡포를 입었다. 그래서 고종 임금은 청일 전쟁에서 청이 패하고 중국의 영향력이 약화되자 황제의 상징인 노란 곤룡포를 만들어 입었다. 그러나 임금의 옷을 바꾼다고 국운까지 바뀌지는 않았다.

임금이 무슨 옷을 입건 한편에서는 붉은색이 다른 정치적 상징을 만들고 있었다. 유교, 그것도 성리학이 국가의 근본이념으로 격상되면서 '충'이 조선의 새로운 지배 이데올로기가 됐다. 조선의 개국 세력들은 새로운 국가를 만들고 새로운 사회를 짜면서 그 근본 구성 원리를 '충'에서 찾았다. 그 충성심을 형상화한 것이 바로 단심, 즉 '임을 향한 붉은 마음'이다.

임금은 붉은 옷을 입고 지배하고 신하들은 붉은 마음을 바쳐 충성을 다한다. 이것이 조선이라는 나라가 기반하고 있던 정치 체제였다. 그러나 모든 이데올로기는 그 자체로서 허위의 이념이기도 하다. 조선의 정치사는 왕자가 왕자를 죽이고, 임금이 신하들을 죽이고, 신하가 임금을 죽이는 피의 역사였다. 나름대로 붉은 역사이기는 했다.

_ 외세의 상징

조선의 국운이 쇠하면서 주변의 열강들이 앞 다투어 한반도에 진출했다. 그러나 마지막 승자는 욱일승천기를 앞세운 일본 제국주의였다. 이후 40년 가까이 일본인들은 자기네 국기의 붉은색으로 한반도를 지배했다. 시골의 작은 촌에도 일장기가 걸리고, 큰 행사마다 붉고 흰 상징물들로 장식됐다. 더 나아가 식민지 조선의 청년들을 강제로 천황의 군대에 편입시켜 욱일승천기를 들고 중국과 남태평양에서 싸우게 했다. 붉은색은 수탈과 압제의 상징이었다.

그래서 동아일보 이길용 기자는 청산가리 용액으로 손기정 선수 가슴의 일장기를 후벼 파듯이 지웠다. 그 대가로 총독부는 동아일보, 조선일보 같은 민족계 신문들을 정간하고 길들이기에 나섰다. 다급해진 조선인 신문 자본가들은 총독부에 항복했고 이후 총독부의 기관지나 다름없는 친일 신문을 찍어냈다.

_ 저항의 상징

한편 제국주의에 맞서 싸우는 편도 붉은색을 상징으로 삼았다. 좌우의 구분이 없던 초기 독립 운동은 식민 지배의 말기로 접어들면서 사회주의 색채가 강화됐다. 적색 노조니 홍비(만주의 무장 독립 단체들을 일본 경찰이 붉은 도적떼라 지칭한 말)니 하는 말들이 생겨나고 이들은 내지와 조선을 하나로 만들기 위해 노력하는 모든 황국 신민의 적으로 규정됐다.

1925년 조선 공산당이 국내에서 결성되기 이전에 수많은 사회주의 조직들이 해외의 망명지에서 결성됐다. 조선 공산당은 결성될 때마다 일제

경찰의 탄압으로 무너졌다. 무너진 공산당을 재건하기 위한 마지막 조직적 시도였던 이재유의 '경성 콤 그룹'이 발행했던 기관지의 이름은 '적기'였다. (안재성, 《경성 트로이카》, 사회평론, 2004)

1945년 8월 해방이 되자 일제의 탄압을 피해 지하에 숨어 있던 좌익 인사들이 하나 둘 씩 모습을 드러냈다. 이들은 제국주의 지배 세력의 패배와 조직된 정치 세력의 부재라는 상황 속에서 조선 공산당을 결성하고 각종 대중 단체를 결성해 빠른 속도로 정국을 장악해 나갔다.

식민 시대 말기 다수의 민족주의 지도자들이 제국주의에 투항했다는 사실이 좌익의 주장과 활동에 정통성을 부여했다. 많은 대중들이 '인민 공화국'의 깃발 아래 모였다. 〈동아일보〉 1946년 8월 13일자를 보면, 해방 후 어떤 국가 수립을 원하느냐는 질문에 응답자 8,453명 가운데 70퍼센트(6,037명)가 사회주의를, 7퍼센트(574명)가 공산주의를 선호한다고 답했다. '적색'이 한국 사회에서 또 다른 정치적 의미를 획득하는 순간이다.

그러나 해방 후 정치 공간에서 적색이 누렸던 이 지배적 위치는 불과 5년도 채 되지 않아서 흔적도 없이 사라져 버렸다. 조선 공산당, 인민당 등 적색을 지향했던 정치 세력들이 남조선 로동당으로 통합하고 이어서 지하로 들어갔으며 일부는 북한으로 또 일부는 지리산 자락으로 들어가 빨치산이 됐다. 그리고 전쟁이 벌어졌다.

_반공 시대의 시작

손호철 교수는 한국 전쟁을 기점으로 좌익 편향의 정치 질서가 우익 편향의 정치 질서로 순식간에 역전됐다고 분석했다. 한국 정치에서 붉은 기운이 일순간에 사라져 버렸다는 것이다. 이런 역전은 반공을 기치로 했던 이승만 정권이 전쟁 이후에도 계속 집권하면서 강화됐다.(손호철,《전환기의 한국정치》, 창비, 1993)

붉은 것과 연관이 있다는 의심이 들면 무조건 사라져야 했다. 그래서 국가보안법이 만들어지고 좌익뿐만 아니라 이승만 정권의 입장에서 좌익이기를 바라는 사람들에게도 마구잡이로 적용됐다. 이승만의 강력한 경쟁자였던 진보당의 대통령 후보 조봉암처럼 말이다.

연좌제와 사회적 배제를 통해 위력을 발휘한 반공 사냥은 좌익과 아무런 관련이 없는 사람조차도 무언가 붉은 기운이 도는 것만 보면 가슴을 쓸어내리게 만들었다. 이 대중적 피해 의식은 레드 콤플렉스라는 이름을 얻었다. 하지만 레드 콤플렉스의 연원은 일제 강점기로 거슬러 올라간다.

"불원한 장래에 사어(死語)사전이 편찬된다고 하면 빨갱이라는 말이 당연히 거기에 오를 것이요, 그 주석엔 가로되, "1940년대의 남부 조선에서 볼셰비키, 멘셰비키는 물론, 아나키스트, 사회민주당, 자유주의자, 일부의 크리스찬, 일부의 불교도, 일부의 공맹교인(孔孟敎人), 일부의 천도교인, 그리고 중등학교 이상의 학생들로서 사회적 환경으로나 나이로나 아직 확고한 정치적 이데올로기가 잡힌 것이 아니요, 단지 추잡한 것과 불의한 것을 싫어하고, 아름다운 것과 바르고 참된 것과 정의를 동경 추구하는 청소년들, 그밖에도 ○○○과 ○○○당의 정치 노선을 따르지 않는 모든 양심적이요 애국적인 사람들(그리고 차경석의 보천교나 전용해의 백백교 등도 거기에 편입될 가능성이 있다), 이런 사람을 통틀어 빨갱이라고 불렀느니라." (채만식, 《도야지》)

그러나 채만식의 전망과 달리 빨갱이라는 낙인은 죽은 말이 되기는커녕 그 후로도 꽤 끈질긴 생명력을 자랑하면서 '반공 국가'를 형성했다.

이런 반공 체제는 1960년 4월 혁명으로 잠깐 숨통이 트이는가 했지만 뒤이어 벌어진 군사 쿠데타로 인해 원점으로 돌아갔다. 아니 더 철저하게 강화됐다. 반공은 쿠데타를 일으킨 젊은 장교들의 거사 명분이기도 했지만 한때 남로당원이었던 박정희의 전력을 덮기 위해 더욱 강화됐다는 분석도 있다. 심리학적으로 말하면 박정희가 자신의 좌익 경력이라는 트라우마를 지우기 위해 더욱 폭압적인 반공 체제를 선택한 것이다.

_〈실미도〉는 공산주의 찬양 영화?

'실미도 사건'을 일으킨 684부대의 유족들은 2004년 12월 영화 〈실미도〉가 훈련병들을 용공 분자로 묘사해 명예를 훼손했다며 영화사를 상대로 소송을 냈다. 영화 속에서 훈련병들이 북한 노래 '적기가'를 부르는 장면을 문제 삼은 것이다. 소송에 가담하지 않았지만 일부 우익 단체들이 영화 상영을 중지하라며 소동을 피우기도 했다. 모 방송사는 이 영화를 TV 방영하면서 적기가가 나오는 장면을 삭제하기도 했다.

적기가는 해방 이전부터 노동 운동 진영에서 널리 불리던 노래였다. 서구의 노동 가요인 '레드 플래그(The Red Flag)'가 일본으로 건너가 일본어 노랫말이 붙고 1930년대에 식민지 조선에 유입된 것으로 알려져 있다. 해방 정국을 관통한 사람들은 모두 '적기가'를 한번쯤은 들어 봤을 정도라고 하니 당시 이 노래가 얼마나 널리 퍼져 있었는지 짐작이 간다. 재야 운동가 예춘호 선생은 1994년 한 인터뷰에서 적기가와 관련한 추억을 다음과 같이 회고했다.

"제가 살던 동네는 부산의 영도였어요. 지금은 그렇지 않지만 당시엔 조선소들이 운집되어 있던 공장 지대였지요. 점심때가 되면 전평의 조직원들이 나와 노동자들을 집결시켜 놓고 적기가를 가르쳐 주고 함께 노래 부르지요. '압제와 수탈 밑에서 살아온 무산들이여…' 하는 투의 노래는 사람들의 가슴을 움켜잡기에 충분하였고 한번 집회가 끝나면 수십 명의 사람들이 조직 가입 원서에 도장을 찍게 돼요.'

적기가는 1889년 아일랜드 공화주의자인 짐 코넬(Jim Connell)이 만들었다. 그는 차링 크로스에서 뉴 크로스로 가는 기차 안에서 런던 부두 파업, 아일랜드 토지 동맹, 파리 코뮌, 러시아와 시카고 무정부주의자 등에 영감을 받아 이 노래를 써 내려갔다. 오늘날에는 독일 민요 '소나무(탄넨바움, Der Tannenbaum)'의 리듬에 맞춰 부르는 이 노래는 순식간에 국제 노동 운동의 찬가가 됐고, 1925년부터는 영국 노동당의 주제가가 됐다. 1945년 새로 선출된 노동당 하원 의원들은 첫 등원 때 이 노래를 부르며 입장했다. 노동당은 1999년 당 대회 이후 이 노래를 금지하다가 2003년 당 대회에서 부활시켰다. 그러나 블레어 전 총리를 비롯한 '신노동당'계 당 간부들이 가사를 제대로 몰라 노래를 마저 부르지 못하는 모습이 언론에 포착되기도 했다.

_ 빨강은 나의 힘, 남과 북

기나긴 군사 독재의 시대는 반공이 도덕인 시대였다. 학교 대문 머리맡에는 방공, 멸공 같은 표어가 붙어 있고, 때마다 반공 웅변대회를 하고, 반공 포스터를 그리고, 가끔은 무슨 궐기 대회를 위해 시민 운동장에 동원됐다. 단순하고 반복적인 반공 교육은 적색에 대해 태생적인 알레르기를 만들어 냈다. 그 위력은 엄청났다. 7·4 남북 공동 성명 후 남한을 찾은 북측 대표단을 보고 "공산당은 얼굴도 빨간 줄 알았는데 그게 아니라서" 놀라는 웃지 못할 일이 여기저기서 벌어졌다.

이승만 집권 때와 마찬가지로 연이은 군사 정권은 적색에 대한 대중의 반감을 자신들의 반대파에게 덧씌워서 재미를 봤다. 유신의 철폐를 요구하거나, 노동 운동을 하거나, 학원의 민주화를 요구하거나 모두 '빨갱이'로 묶어 버렸다. 심지어 대한민국의 국시는 반공이 아니라 통일이 되어야 하지 않겠냐고 발언한 국회의원도 빨갱이로 판명돼 국회에서 제명됐다.

빨갱이 사냥의 변형된 형태로 지금도 사라지길 거부하는 잔재는 '색깔론'이다. 색깔론의 특징은 이름처럼 후보들의 색깔을 놓고 다양한 토론이 벌어지는 것이 아니라 특정 후보를 놓고 붉으냐 아니냐만을 따진다는 점이다. 역대 선거 때마다 이 색깔론은 야당 후보를 괴롭히는 무기였다. 그러나 역설적으로 색깔론을 처음 고안해 낸 것은 여당이 아니었다. 1963년 대선에서 야당 후보인 윤보선이 여당 후보 박정희의 좌익 전력을 공격했던 것.

반공의 시대 빨강은 증오의 색이며 공포의 색이었다. 동시에 정권의 입장에서는 안되는 것이 없는 도깨비방망이였다.

반면 북한에선 빨강이 정권의 정통성을 상징하는 색이 됐다. 혁명 가극 '피바다'와 '붉은 기 쟁취 운동'처럼 붉은 것은 순수함과 올바름을 상징한다. 그러나 이런 붉은 정통성은 오직 조선 노동당과 당의 지도자를 통해서만 재생산 될 수 있다. 말하자면 붉은 것은 북한의 인민이 아니라 위대한 지도자인 것이다. 결국 북한에서 빨강은 그 이전 시대와 비슷한 의미로 돌아갔다. 무한한 충성과 아버지와 같은 지도자의 이미지를 상징하는 색이 됐다.

_ 변화의 붉은 물결

한국 사회에서 빨강의 의미는 2002년을 거치면서 드라마틱하게 변했다. 반공 이데올로기의 공포와 대중들의 마음 깊숙이 깔려 있던 피해 의식이 한 꺼풀씩 벗겨지는 조짐들이 보였다.

우선 월드컵을 기점으로 전국을 강타한 붉은 악마의 열풍은 이념의 영역에 갇혀 사망 직전에 있던 빨강을 복권시켰을 뿐만 아니라 광장으로 불러냈다. 찬반론을 넘어 붉은 악마 열풍에 대한 여러 가지 해석이 존재한다. 그러나 분명한 것은 붉은 악마의 열풍이 반공 이데올로기에 짓눌려 있던 빨강을 21세기에 다시 불러 오는 씻김굿 역할을 했다는 점이다.

2002년 대선에서는 색깔론이 거의 힘을 발휘하지 못했다. 그리고 좌파 정당을 자임하는 정당의 후보가 TV 토론을 통해 자신들의 주장을 여과 없이 발표하기도 했다. 빨강의 사회적 복권은 시장에서도 이뤄졌다. 《레드 마케팅》이라는 책이 나올 정도로 붉은색은 상품, 광고, 기업 이미지 등 여러 영역에서 활용됐다.

40년 전 한 외국인의 눈에 비친 한국은 소용돌이치는 사회였다. 그리고 한국 사회는 여전히 격렬하게 소용돌이치고 있다. 그 소용돌이가 크게 한번 방향을 꺾을 때마다 빨강을 둘러싼 우리의 입장과 태도는 극명하게 바뀌었다. 그리고 지금 그 소용돌이가 다시 한번 방향을 꺾으려 하고 있다.

앞으로 한국 사회와 한국인은 적색에 대해 어떤 태도를 보일까. 여전히 공포와 우려의 대상으로 남아 있을까, 아니면 단결과 연대의 상징으로 바뀌어 있을까?

_ 눈에는 눈, 빨갱이에는 빨간 해병대?

우익 단체들의 집회를 보면 군복 입은 참가자들을 많이 볼 수 있다. 그중에서도 유독 빨간 스카프를 두른 사람들이 쉽게 눈에 들어온다. 바로 '해병 전우회'다.

한국 전쟁 이후 빨강은 사회적 금기의 색이었다. 단체건 기업이건 붉은색을 자신의 상징으로 삼는 것은 피해야 할 덕목이었다. 유일한 예외는 '해병대'였다. 붉은색이 금기시되던 시대에 해병대는 붉은색, 그것도 공산당의 깃발과 똑같은 빨강-노랑의 조합을 상징으로 사용할 수 있는 특권을 부여 받았다.

사회학자들은 이런 예외가 가능했던 이유가 사회를 지배하던 이념 코드와 전쟁 코드가 서로 다른 것이기 때문이라고 해석한다. 학자들은 붉은 악마가 사회적으로 용인된 것은 사회를 지배했던 이념 코드가 약화되고 이와 전혀 상관없는 문화 코드로 받아들여졌기 때문이라고 본다.

역사를 보면 러시아 혁명 이전에 붉은색은 이념보다 전쟁의 의미로 사용됐다. 로마 시대부터 붉은색은 군신 마르스의 상징으로 받아들여졌다. 로마의 군대가 붉은색으로 치장하고 붉은 깃발을 들고 다닌 것은 마르스의 힘을 빌어 전쟁에서 승리하기 위함이었다. 이러한 전통을 빌어 영국과 프랑스는 제1차 세계 대전 직전까지 자국의 군인들에게 붉은색 군복을 입혔다. 여기에는 심리적인 흥분 상태를 조장해 병사들의 전의를 북돋우려는 계산도 깔려 있었다.

참고로 해병대의 붉은색은 피를, 노란색은 땀을 상징한다고 한다.

사회주의
자유의 또 다른 이름

장석준 _ 진보신당 상상연구소 연구기획실장

_ 도대체 사회주의란 무엇인가?

"모두는 하나를 위해, 하나는 모두를 위해!" 이것은 과거 사회주의 국가의 정치 선전에서 흔히 볼 수 있었던 구호다. 원래는 알렉상드르 뒤마의 소설 〈삼총사〉에서 주인공 달타냥과 삼총사가 외치던 것인데, 언제부터인가 '사회주의'를 상징하는 문구처럼 되어 버렸다.

여기서 문제는 '하나'란 단어다. 도대체 '하나'가 뜻하는 바는 무엇일까? 소련이나 북한에서 이 구호를 외칠 때 '하나'란 예외 없이 어떤 집단을 의미했다. 국가나 당 혹은 그 모두의 정점인 지도자 동지……. 따라서 "모두는 하나를 위해"는 모든 인민이 국가나 당을 위해 헌신해야 한다는 말이었고, "하나는 모두를 위해"는 그러면 그 보상으로 집단이 인민을 보살펴 준다는 이야기였다.

이 구호에 가장 잘 어울리는 장면은 집단 체조다. 수천의 군중이 모두 말 그대로 하나가 되어 일사불란하게 움직이는 매스 게임의 장관. 거기서 개인은 집단이라는 거대한 기계를 위해 복무하는 톱니바퀴들로만 보인다. 오랫동안 이것이 우리가 '사회주의'란 말에서 떠올리는 주된 이미지였고, 그래서 사회주의는 또 '집단주의', '전체주의'와 동의어이기도 했다.

만약 이런 게 '사회주의'란 말에 새겨진 유일한 기억이라면, 필자 자신부터 이것을 정치적 신념으로 고수하고 싶지는 않을 것이다. 하지만 인류의 기억 속에는 이것과는 상당히 다른 이야기들도 존재한다.

자본주의가 등장하고 나서 오랫동안 사회주의는 노동자를 기계의 부속품으로 만드는 공장 안의 전체주의에 맞선 저항과 자유의 표어였다. 지난 세기에 모든 전체주의의 어버이 격인 제국주의에 맞서서 식민지와 약소국의 민중들이 떨쳐 일어날 때에도 그들은 이 깃발을 손에 쥐고 있었다. 그리고 이제 신자유주의 세계화 반대 운동의 다양한 구성원들 사이에서도 다시 이 말이 심심찮게 들려온다. '신자유주의 반대', '세계화 반대' 등 다분히 수동적인 구호 대신 이런 저런 운동들의 공통의 이상을 압축하는 푯말로 '사회주의'를 되살리자는 것이다.

심지어는 그들 스스로 신자유주의 세계화에 한 쪽 발을 담그고 있는 사회민주주의 정치인들 사이에서도 그렇다. 그들은 선거 때만 되면 먼지투성이 책장 한 구석에서 이 오래된 단어를 끄집어 내 자신들이 여전히 근로 대중의 편임을 보여 주는 상징으로 써먹곤 한다.

그래서 우리는 21세기, 이 새로운 백 년이 시작된 뒤에도 여전히 이러한 물음들을 손에서 놓을 수 없다. 도대체 사회주의란 무엇인가? 그 수많은 얼굴들 중에서 단순히 집단주의나 전체주의로 손가락질할 수 없는 또 다른 얼굴의 정체는 무엇인가? 그리고 그것은 지금 여기 우리의 삶에 어떠한 메시지로 다가오는가?

_'평등'을, '평등한 자유'를!

이야기는 프랑스 대혁명 때로 거슬러 올라가야 한다. 그도 그럴 것이, 이 사건이야말로 근대의 모든 정치 이념들이 등장한 산실(産室)이자 서로 다른 여정을 시작한 갈림길이었기 때문이다. 잘 알려져 있다시피, 이 혁명의 이상은 '민주주의'였으며, 그 구호는 "자유, 평등, 우애"였다. 이것을 부르짖으며 부르주아지의 대표자들이 국왕과 귀족, 교회에 맞섰고 거리의 민중들에게 도움을 요청했던 것이다.

한데, 막상 혁명이 성공하자 이야기가 달라졌다. 세 개의 약속 사이에는 확실한 경중의 차이가 있었다. 부르주아지의 관심을 온통 독차지한 것은 '자유'였다. 절대 군주와 봉건 귀족의 훼방을 받지 않으며 장사하고 치부(致富)할 수 있는 자유, 즉 경제 활동의 자유가 혁명의 가장 귀중한 전리품이었다. 이렇게 자유를 높이 떠받드는 사람들, 이런 사람들을 우리는 '자유주의자'라 부른다. 대혁명 당시의 부르주아지든 지금의 신자유주의자들이든 모두 이 자유주의의 대가족에 속한다. 이 동질감 앞에서는 그들 사이의 200년 넘는 세월의 차이도 무색하다.

그러나 혁명의 또 다른 주역들은 이 전리품 분배에 커다란 불만을 갖지 않을 수 없었다. 바스티유 습격을 비롯해서 혁명의 가장 위험한 순간마다 맨 앞에 나섰던 도시의 민중들이 바로 그들이었다. 그들에게는 부르주아지의 '자유'가 새로운 '부자유'의 다른 이름에 불과했다. 그 대표적인 본보기가 혁명 이후 첫 의회가 통과시킨 법안들 중 하나인 르 샤플리에 법(부르주아 출신 르 샤플리에 의원이 법안을 제출했기 때문에 이런 이름이 붙었다)이었다. 이 법은 생산 현장에서 그 누구도 단체를 결성하여 활동해선 안 된다고 규정했다. 한 마디로 노동자들이 조합을 만드는 것을 금지한 것이다. 경제 활동의 자유를 보장하기 위해서는 누구나 오직 개인 자격으로 서로 계약을 맺어야 한다는 게 그 명분이었다.

경제 활동의 자유를 위해서라지만, 결국은 작업장에서 자본가들의 독재권을 확립하려는 것이었다. 노동자들이 서로 힘을 모으지 못하고 모래 알처럼 흩어질 수밖에 없다면 칼자루는 항상 자본가들이 쥐게 마련이다. 이렇게 새로운 특권 계급, 즉 자본가들의 '자유'는 불과 몇 달 전까지만 해도 그들과 함께 구체제에 맞서 싸웠던 과거의 동지, 노동자들에게는 새 로운 '부자유'에 다름 아니었다. 그래서 도시의 민중들은 "자유, 평등, 우 애"의 구호 중에서 '평등' 쪽을 새로이 강조하기 시작했다. 평등은 이제 국왕, 귀족과 나머지 국민들(대혁명 당시에는 '제3신분'이라 불렀다) 사 이에서만이 아니라 나머지 국민들 내에서도 부르주아지와 근로 대중 사 이에서 다시 확인되어야 했다.

그렇다고 그들이 '자유'에 맞서는 식으로 '평등'을 주장한 것은 결코 아니었다. 그들이 원한 것은 다만 '민주주의'라는 애초의 이상을 견지하 자는 것이었다. "자유, 평등, 우애"의 원칙들이 온전히 함께 실현되어야 한다는 것. 즉, 민중들이 외친 '평등'은 '자유'에 맞선 또 다른 가치가 아 니라 차라리 '평등한 자유'의 요구였다. 부르주아지만의 자유가 아니라 모든 민중의 자유를 요구했던 것이다. 더 나아가 부르주아지의 자유, 즉 경제 활동의 자유를 위해 대다수 다른 시민의 자유가 억압되는 현실을 반 대한 것이다. 민중은 단순한 '반' 자유주의자들이 아니었다. 그들은 스스 로 '자유'의 주인이 되길 바랐을 뿐이다.

_ 민주주의는 사회주의를 요청한다

한동안 대립 구도는 '자유주의 대 민주주의'로 나타났다. 민주주의의 온전한 실현을 위해서는 자유주의의 한계를 뛰어넘어야 한다는 것이 점점 더 분명해졌다. 그러자 민주주의가 자유주의를 넘어서는 그 지점, 즉 자유주의와 민주주의 사이의 모순의 임계점을 보다 선명하게 드러낼 필요가 생겼다.

그 임계점은 무엇인가? 만인이 누구나 동등한 권리를 지닌 동료 시민이라는 생각이 경제 활동의 영역에까지는 손길을 미치지 않는 것, 이것이 자유주의자들이 받아들일 수 있는 민주주의의 최대 허용치였다. 만약 이 경계선을 넘어선다면, 자유주의의 지지자들, 그러니까 자본가들은 어떠한 낡고 치사한 수단을 동원해서라도 민주주의의 확장을 가로막을 태세가 되어 있었다.

'사회주의'는 바로 이러한 진실에 대한 자각을 표현하고자 등장한 말이다. 그 진실을 보다 상세히 묘사해보면, 이렇다. 봉건 귀족이 사라진 곳에 새로운 특권 계급이 생겨난다. 시장 경쟁과 자본 축적의 자유를 발판 삼아 자본가 집단이 하나의 계급으로 등장하는 것이다. 그들은 자신들 소유의 작업장에 동료 시민들을 노동자로 고용한다. 그리고 그렇게 해서 생산된 부를 다시 자신들 소유의 자본으로 쌓아간다. 자본가들의 엄청난 재력은 이제 공장 담벼락을 넘어 사회 전체에 대한 지배력으로 확대된다. 모든 시민은 '1등 시민'과 '2등 시민'으로 나뉜다.

이러한 사회적 현실을 바꿔야 한다. 그래야 민주주의가 승리를 거둘 수 있다. 이게 급진적 민주주의자들의 생각이었다. 즉, 대다수 시민들이 생계 때문에 생산 현장에서 다른 소수의 시민들에게 종속되는 일 따위는 없어져야 한다. 모두가 생산에 참여해서 거둔 결실들이 소수의 손아귀에 장악돼서도 안 된다. 즉, 경제 활동에까지 '1인 1표'의 원칙이 적용돼야 한다. 경제 영역이 민주주의의 예외 지대가 될 수는 없다.

'1주 1표'의 원칙에 따라 주주들이 전제 군주 노릇을 하던 기업에서도 이제는 '1인 1표'의 원칙이 실현되어야 한다. 근로 대중이 기업을 공동으로 소유하고 운영해야 한다(사회적 소유 · 경영).

또한 '1원 1표'의 원칙이 지배하는 부익부 빈익빈의 사회 안에 점차 '1인 1표'의 영역을 넓혀야 한다. 다르게 말하면, 시민 누구나 구매력에 상관없이 기본적인 권리들을 누릴 수 있어야 한다(보편적 복지).

이게 사회주의의 맨 얼굴이다. 본래 사회주의는 이런 걸 현실로 만들자는 사상이자 운동이었다. 그것은 자유주의의 임계치를 넘어서는 급진적 민주주의였고, 바로 그러한 취지에서 자유주의의 현실 조건인 '자본'주의, 즉 자본이 주도하는 세상을 '사회'주의, 즉 다수 인민이 주도하는 세상으로 바꾸자는 것이었다.

그러나, 거듭 말하지만, '자유주의'를 극복한다고 해서 이것이 곧 '자유'와는 아무 인연도 없다는 걸 뜻하지는 않는다. 결코 그렇지 않다. 위에서 지적한 대로 애초에 민중들이 부르짖은 '평등' 자체가 '평등한 자유'였을 뿐더러, 사회적 소유나 보편적 복지 역시 '자유'의 꿈에 속하기 때문이다. 이러한 프로그램은 모든 인간이 비로소 생존 경쟁의 강한 속박으로부터 '자유'롭도록 만들기 위한 것이다. 어쩌면 이 빈곤과 소외, 고된 노동으로부터의 자유야말로 '자유'의 기다란 목록 중에서도 맨 첫 항이 아닐까.

_ 우리가 보편적 인류의 일원이 되는 때

지난 두 세기 동안 수많은 사람들이 이 희망의 대열에 동참했다. 신심 깊은 복음 설교가, 천재적인 예술가, 현대 과학의 대명사라 할 위대한 물리학자…… 이런 사람들이 스스로 '사회주의자'의 명부에 제 이름을 기입해 넣었다.

더 중요한 것은 수백만, 수천만의 평범한 대중이 기꺼이 이 행진에 합류했다는 사실이다. 그래서 천신만고 끝에 보통 선거권을 쟁취했고, 피와 땀과 눈물의 격랑으로 제국주의와 파시즘을 쓸어냈으며, 복지 국가와 그밖의 중요한 성과들을 지난 세기의 진보의 대차대조표에 기재했다. 이 모두가 그들의 투쟁의 열매였다.

하지만, 이러한 실질적 성과도 성과지만, 그보다 더 주목해야 할 게 있다. 사회주의의 이상과 그 운동이 사람들에게, '인류'를 떠올리고 자신을 그 일원으로 실감하는 순간들을 제공했다는 사실. 지상의 가장 저주받고 버림받은 자들이 '프롤레타리아' 혹은 '제3세계 인민'의 일원임을 느끼던 순간, 하늘의 별만큼의 새로운 희망과 자긍심, 연대 의식들이 이 혹성 위를 꽃피웠다.

그 전에는 오직 위대한 종교 운동들만이 이런 기회를 제공했었다. 모든 사람이 똑같이 붓다가 될 가능성을 지녔다는 가르침이나 유대인뿐만 아니라 어떠한 이방인도 그리스도의 희생을 믿음으로써 구원받는다는 메시지가 그러했다. 사막의 여러 부족들을 보편적인 믿음의 공동체로 결합시켰던 사례 역시 마찬가지다.

지난 두 세기에는 사회주의가 그 비슷한 역할을 했다. 따라서 전 지구적 자본주의의 사이비 세계화가 한편으로는 시장을 통한 인류의 통합을 떠들어대면서도 다른 한편으로는 절대 다수의 민중들을 무대에서 밀어내는 지금만큼 사회주의의 바로 이러한 기억이 절실하게 다시 다가오는 때도 없을 것이다. '사회주의'란 말을 그대로 이어받든 아니면 새로운 카피를 뽑아내든 결국 우리를 보편적 인류의 일원으로 단결시킬 '사회주의적'(어쨌든 사회주의적인) 운동, 그것이 지금 간절하고도 시급히 필요하다.

_'하나'는 바로 나와 너, 우리다

하지만 그 전에 꼭 짚고 넘어가야 할 게 있다. "모두는 하나를 위해, 하나는 모두를 위해!"의 그 '하나'란 무엇이냐는 처음의 물음말이다.

그 힌트는 사회주의 운동의 위대한 고전들 중 하나인 〈공산주의당 선언〉에서 찾아볼 수 있다. 하지만 〈공산주의당 선언〉의 이 해당 문구는 항상 그 엄청난 중요성만큼 제대로 평가를 받았던 것은 아니다.

그것은 바로 "계급과 계급 대립으로 얼룩진 낡은 부르주아 사회 대신에, 개인의 자유로운 발전이 만인의 자유로운 발전의 조건이 되는 연합체가 나타날 것"이라는 문구다. 조금 더 생생하게 풀어놓으면, 이쯤 될 것이다. "한 사람 한 사람의 자유로운 발전을 통해서 모든 사람의 자유로운 발전을 이루는 공동체."

여기서 '하나'란 국가도 아니고 당도 아니다. 도무지 어떤 집단이 아니다. '하나'는 다름 아니라 나와 너, 우리들이다. 지금 이 혹성 위에서 밥

먹고 숨 쉬며 서로 사랑하거나 미워하며 살아가는 그 하나하나의 사람들.

이 문구에서 '하나'와 '모두'의 관계는, 단 한 명이라도 함께 누리지 못하는 자유라면 그것은 결코 모두의 자유가 아니라는 상식과 정서로 충만한 어떤 공동체를 가리킨다. 여기에서는 "자유, 평등, 우애" 중의 그 어느 하나도 다른 원칙과 분리 혹은 대립되어 존재할 수 없다.

이제 이 점을 분명히 전제한다면, 우리는 이렇게 말할 수 있다. 아니, 말해야 한다. 사회주의, 그것은 다름 아닌 우리 시대의 자유의 또 다른 이름이라고. 그 진정한 이름이라고.